経済学という人類を不幸にした学問

副島隆彦

"(We, American) Economists mistook our mathematical thesis for truth. We are wrong."
Paul Krugman

「私たちアメリカの経済学者は、自分たちが書いてきた美しく着飾った高等数学の、難解な数式を多用した論文を、(人間世界を貫く)真理《トルース》である、と考えてきた。それは間違いであった」

ポール・クルーグマン

(本文から)

日本文芸社

まえがき

アメリカ理論経済学が壊われつつある

現代アメリカの経済学者の筆頭で、ノーベル経済学賞も受賞（2008年）したポール・クルーグマン教授（67歳）が、ついに自分の誤りを全体的に認めた。

画期的なことである。クルーグマンの名前は日本でも知られている。金融・経済の本や雑誌を買って読む人たちなら知っている。彼が、アメリカ経済学を代表している人物だ。そのように日本の知識層と読書人の間でも認められている。

そのクルーグマンが「自分たち（アメリカの主流派の）経済学者たちは、大きく間違っていた」と白状した。このことでアメリカ経済学界が、大きく揺れている。

このことを露《あから》さまに書いた衝撃的な評論文で明らかとなった。それをマイケル・ハーシュという『フォーリン・ポリシー』誌の上級論説委員（オプ・エド・ページ・ライター）が

クルーグマンが『フォーリン・ポリシー』誌で糾弾された！

FP
It's Trump's World Now.
What Do We Do About It?

写真：Getty Images

間違ったのは
私だけではない

ニューヨークーク市立大学 教授

ポール・クルーグマン
（67歳）

写真：Michael Hirshのtwitterから

クルーグマン教授、
トランプが大統領になったのは、
あなたの自由《フリー》貿易《トレイド》妄信のせいだ。
わかるか!?

『フォーリン・ポリシー』誌
上級論説委員

マイケル・ハーシュ
（82歳）

書いた。

『フォーリン・ポリシー』誌は、アメリカの外交専門誌である『フォーリン・アフェア』誌の、弟分のような高級言論誌である。

2009年（リーマン・ショックのあと）、自分の誤りを認めたクルーグマンは、『ニューヨーク・タイムズ・マガジン』誌の記事で、次のように書いた。そのことを、マイケル・ハーシュは『フォーリン・ポリシー』誌（2019年10月22日号）で紹介している。

『私たち経済学者は、自分たちが素晴らしく壮麗な数式で書いた経済学の論文を、真実であると、自分たちで信じ込んできた』

“economists, as a group, mistook beauty, clad in impressive-looking mathematics, for truth.”

このクルーグマンの文を、日本人に分かるように徹底的に意訳《いやく》（パラフレイズ）して、私が訳し直すと次のようになる。

「私クルーグマンを含めた、アメリカ経済学者たちは、壮麗に美しく着飾った（高度で難解で高級な）数学の数式を使った多くの論文を発表してきた。それらを自分たちだけで、認め合い、そしてそれがこの世の真理であると深く信じ込んできた。学会（学界）でこれらの論文を厳しく検証し合って切磋琢磨《せっさたくま》してきたのだから、これは真理だ、と自分たちで信じ込んでも構わない、と思い込んできた。

それらの高等数学を多用した論文たちは、誰も疑うことができない、真理の体系であると、私たち理論経済学者は集団として、自分たちで勝手に信じ込んできた。

ところが、これらの高等数式（を大量に使った論文）は真理ではなかった。現実の世界で起きていることと一致していなかった。現実のこの世は高等数式で表わされるようなものではなかった。私たちは大きく間違った。私たちの経済学は、現実の前でガラガラと崩れ落ちた。

私たちは現実とぶつかって破産した」

と、クルーグマンは書いたのである。クルーグマンの弁明《べんめい》（言い訳《わけ》）は続く。それを、本書の第1章からずっと英文の原文も付けて引用する。私がそれらを翻訳し解説し、そして論評《コメント》する。

クルーグマン教授たちアメリカ経済学者（主流派）は、高等数学を駆使して、高級な数式を大量に使った難解な論文を次々と発表した。即ち、キリスト教の高位の宗教家、司教《ビショップ》、大司教《アーチビショップ》と同じである。

例《たと》えば、ローマ・カトリック教会の総本山であるヴァチカンで上級ラテン語を書いて話せる者たちだけが、神（God、Devin《デヴァイン》）について語ることができる、ということと同じである。上級ラテン語が出来ない者は、神について語ってはいけない。神について評論することや、批判の言葉を投げかけることもできない。お前たち、下々《しもじも》の一般の者たち（民衆、一切衆生《いっさいしゅじょう》、大衆）は、ただひたすら神と私たち（神官、高僧）の前に跪《ひざまず》き、祈りの言葉（呪文）を唱え、賛美歌を歌っていさえすればいい。それ以外の他の余計なことをするな。神と（その代理人である）私たち高位の宗教家（大司教、大司祭）の前に、跪いて、私たち高僧を拝みなさい。それ以外のことをお前たちはしてはならない。

現代の（アメリカが中心の）理論《りろん》経済学は、誰も理解できないお経《きょう》である。ただひたすら、私たち（偉い経済学者）を信じよ。私たちの言うこと（書くこと）を信じよ。疑うな。どっぷりと私たちの言うことだけを信じよ。それでは盲従《もうじゅう》だ、と言わないで信じよ。信じる者は救われる。ただひたすら信じる者が、救済《きゅうさい》（サルヴェーション）される。疑うな。疑うな。ただひたすら私たちを信じよ。崇拝《すうはい》せよ。拝跪《はいき》せよ。

私たちの前に土下座《どげざ》して、（もう、こうなったら神なんかよりも）私たち高僧を拝みなさい。高度で難解で高級な数式・数学の呪文（経文）を操《あやつ》る（唱《とな》える）ことができる私たち上級ラテン語（高級数学）を話すことができるアメリカの理論経済学者の書く数学的論文を、真理（真実）だと認めよ。

私たち（僧侶、数学者、理論物理学者、理論経済学者）に対して疑念を抱くな。このことで議論をするな。私たちに論争を吹きかけるな。お前たち生来《せいらい》頭の悪い者は、どうせ何も考えないのだから、私たちの言うことを聞け。素直に従え。超《ちょう》高等数学を自在に取り扱って、流麗高雅《りゅうれいこうが》な論文（お経、経典）を編み出すことのできる私たちを、神聖な霊体《れいたい》（聖霊、ホウリー・スピリット）だと分かってすすんで騙《だま》されて信従《しんじゅう》せよ。

我らは神（真理、正義）の代理人なり。我らが吐くコトバは、神のコトバなり。我らは神なり。我らを試《ため》すな、我らを疑うな。我らアメリカ数理経済学者は偉大なり。我らは超能力（験《げん》。霊験《れいげん》あらたか）の保有者なり。我らの超《ちょう》能力は、学問の伝道という荘厳な建物（大伽藍《だいがらん》）の中で唱えられ、編《あ》み出された。それ故に、キラキラと輝き、流麗《りゅうれい》、耽美《たんび》、法悦《ほうえつ》（エクスタシー）なり。

私、副島隆彦はこの本を出したあと、ようやく「経済学の終わり」という本を書く気になった。経済学の終わりは、この本が書き上がって、出版されたあと、さらに思考を積み上げてから書く。待っていてください。

この本が世に出て、何とかうまくいったかな、と見定めた上で書き上げる。今のところは、私の頭の中にいろいろの部分と材料が散らばっているだけだ。

私がこの40年に読みためて、かき集めた学問の断片（フラグメント）、立体的に組み立てて「経済学の終わり」本は出来上がるだろう。

2020年2月

副島隆彦

経済学という
人類を不幸にした学問
もくじ

第2章

経済学の数式はすべて「Y＝M」である

理論経済学はどのようにして生まれたか

第3章 アメリカ経済学者たちの迷走

〝1990年コンセンサス〟で有頂天になったアメリカの貿易戦略

第4章

人類を不幸にした経済学の正体

クルーグマンは白状した

第5章

経済政策なきこれからの世界

経済学はすでに死んでいる

第1章

クルーグマンは何を間違ったのか

ハーシュ論文から解説する
クルーグマン教授の反省点

世界に衝撃を与えた
クルーグマン教授の白状

ポール・クルーグマンの自己批判文

ポール・グルーグマンが最近（2019年10月）、「自分たちアメリカ経済学者は、大きく間違った」と白状した、と前述した。これは経済学（エコノミクス）という学問分野の大きな事件である。

クルーグマンは「自分たち主流派《メインストリーム》経済学者は、グローバリゼーション（経済のグローバル化。地球規模化）を大きく見損っていた。そのために、学問的判断を誤った」と書いた。本書第4章に、クルーグマン自身の自己批判文（2019年10月10日付。『ブルームバーグ』紙に載った）全文を載せる。

このクルーグマンの自己批判文を、『フォーリン・ポリシー』誌の上級論説委員（オプ・エド・ページ担当）であるマイケル・ハーシュが、やり玉に挙げて、他の経済学者や経済

この本の主人公。「私たちは間違った（バカだった）」の人

写真：Getty Images

ポール・クルーグマン

Paul Krugman *(1953－　)*

現在は、CUNYニューヨーク市立大学（シティ・カレッジ）教授。2008年にノーベル経済学賞を受賞（54歳のとき）。権威ある『ニューヨーク・タイムズ』紙にオプ・エド・ページ（主要評論文）を連載執筆している。1997年、金融危機に陥った日本の銀行群の、政府による破綻処理について、「社会主義の国のようだ」と悪口を書いた。しかし、2008年9月のリーマン・ショック後に、自分の間違いを認め、「私は日本に謝らなければならない」と謝罪した。「アメリカ政府も同じことをやっている」と。ところがその後も、「日本は金融政策で人工的にインフレを起こせ」と書き続けた。「インフレ・ターゲット理論」の唱導者。

評論家たちの証言をたくさん入れて、徹底的に真実を暴いた。

併《あわ》せて「アメリカ経済学界で、この30年間（悪くすれば40年間）に起きていたこと」を、明確で鋭利な文章で、酷評《こくひょう》している。この全文をこの第1章と第3章に載せる。そして第4章に、クルーグマン自身の自白、白状の文を載せる。

このマイケル・ハーシュの評論文は、『ニューズ・ウィーク』誌（2019年11月27日発売号）に、そのまま丸々転載された。私はそれを読んだ。そしてひどく驚いた。

アメリカの経済学者たちの間で、「自分たちは、一体、何を大きく間違ったのか」の責任のなすりつけ合いを含めて、この3年間、大きな議論になっていたのだ。

それは当たり前だ。なぜなら4年前の2016年11月に、晴天の霹靂《へきれき》で、トランプという、アメリカの有識者が誰も当選を予想しなかった暴れん坊が、アメリカ大統領（共和党）になったのだから。

このあとアメリカの経済学者たちの世界は、いいいいいしっちゃかめっちゃかになった。

「私たちは、一体、何をこれほどに学問《サイエンス》として間違ってしまったのか」と真剣に反省し、学会で議論しなければ済まなくなった。

写真：Getty Images

混乱する
クルーグマン
教授

写真：Michael Hirshのtwitterから

マイケル・ハーシュ Michael Hersh氏について

1937年生まれ（現在82歳）。ハーヴァード大学で歴史学を専攻。シカゴ大学大学院で経済学を修めた。ベトナム戦争に従軍。The New Yorker誌に記事を書き始めた。このあとずっと New York Times紙の評論記事を書いた。主筆のDavid Brooksとほぼ同期に活躍した。現在は Foreign Policy誌の上級論説委員としてOp-Ed page（オプ・エド・ページ）記事を書いている。本書のハーシュ記事もこれである。

オプ・エド・ページ（opposite editorial page）は、社説ページの反対側に、有名記者や一流評論家が自分の考えを自由に評論文として書く。日本人は、新聞の社説をほとんど読まない。信用がなく、かつ、つまらないからだ。だが、世界中のインテリ読者はその国の大《だい》新聞の社説やオプ・エドの評論文を喜んで読む。自分の見識を高める。タイや台湾や韓国でもそうだ。権力べったりの日本のメディアがおかしいのだ。

アメリカ経済学界の顔であるクルーグマン教授が、「私たちは間違っていた」“we《ウィー》 are《アー》・wrong《ロング》.”と書いて表明したことが重要なのだ。

このことを、この章では、マイケル・ハーシュの優れた明晰な批評文の英語の原文を明示し、それを正確に訳し日本語訳文にした。そして、さらに私が詳細にそれらを解説することでこの本は作られている。

「私たちは間違っていた」

私たち日本人は、もう一切の知ったかぶりはしないほうがいい。自分は高級な経済学も理解できる、などとカラ威張りするべきではない。素朴に素直に、基本の基本に戻って私は書いてゆく。

クルーグマンのこれまでの翻訳書を私はサラサラと読んで理解してきたよ、などと勝手に気取るな。日本人でそれほどの高い知能を持っている者はいない。知ったかぶりは、もうやめろ。

マイケル・ハーシュは、多くの箇所でクルーグマンを辛辣《しんらつ》に、かつ皮肉を込めて批判している。それを私が、「ここに英文でこう書いていることは、その裏（背景《はいけい》）に、これこれこうこうこういう意味が有《あ》るのだ。それらをさらに分かりやすく、私が読み砕《くだ》く」ということをした。

この評論文（『フォーリン・ポリシー』誌、２０１９年10月22日号）と、それの原因となったクルーグマン自身が、その12日前（10月10日）に書いて『ブルームバーグ』紙に載せた**「私たち（アメリカ経済学者）は間違っていた」**文を全面的に、この本で取り上げて、徹底的に料理する。

冒頭に載せた文を繰り返して書く。最大の意味がある1行は、やはり次の通りだ。ズバリ、**「私たちアメリカ経済学者は、自分たちが書いてきた美しく着飾った高等数学の、難解な数式を多用した論文を、（人間世界を貫く）真理《トルース》である、と考えてきた。それは間違いであった」**というものだ。これを簡潔な1行の英文に縮めると、

“(We, American) Economists mistook our mathematical thesis for truth. We are wrong.”

「ウィ・アメリカン・エコノミスツ・ミストゥック・アウア・マセマティカル・

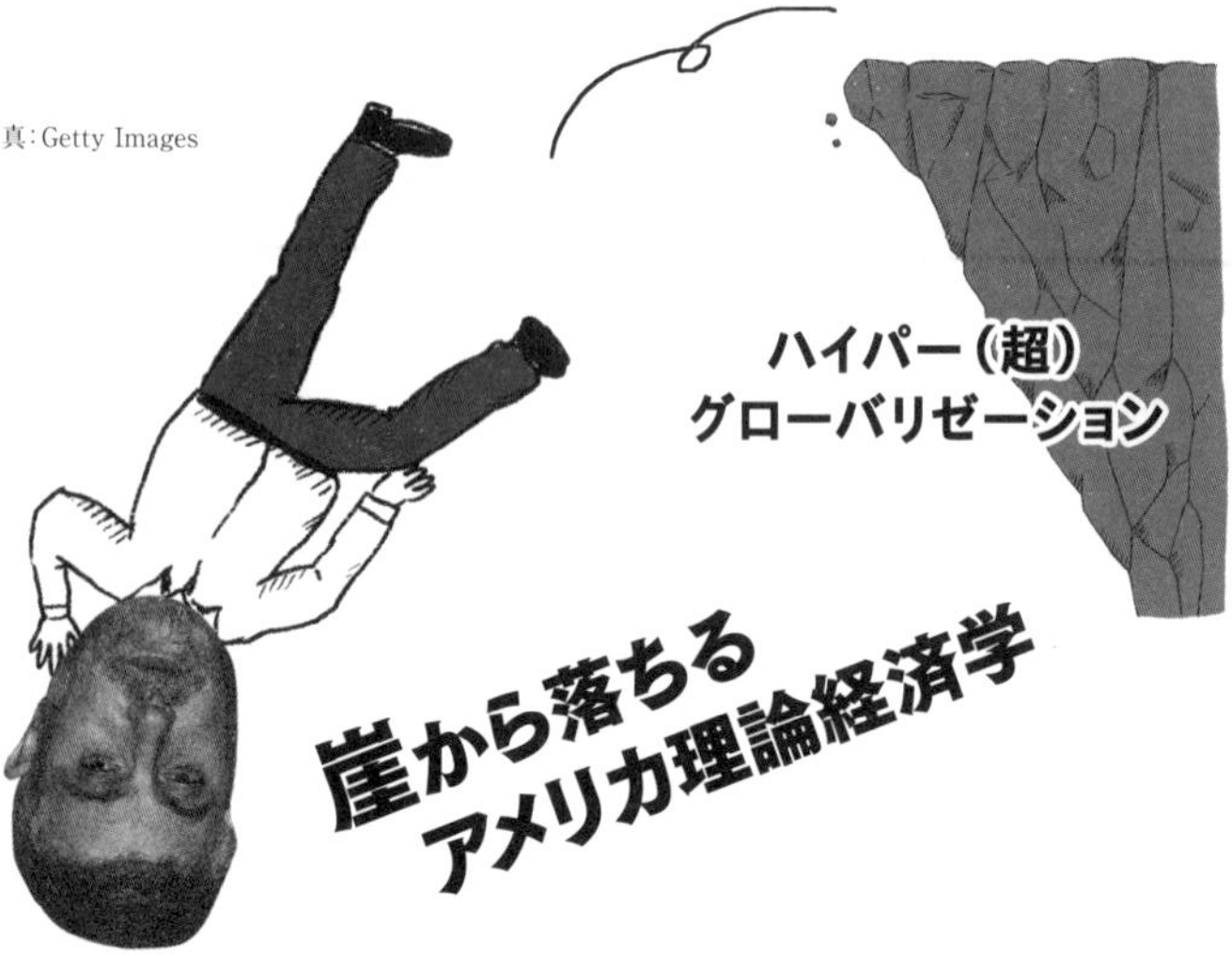
写真：Getty Images

ハイパー（超）グローバリゼーション
崖から落ちるアメリカ理論経済学

シーシズ・フォー・トルース。ウィ・アー・ロング」

私、副島隆彦は、「**この美しく着飾った数式（数学）だらけの経済学の論文**」という高等学問を装った、巨大な虚偽を容赦《ようしゃ》なく切り裂き、暴《あば》き立てる。

彼らがこれまでにやってきた、アメリカ理論経済学という巨大なインチキ学問の、真実の姿を白日の下に露出させる。

自由貿易《フリートレイド》礼賛が起こした
ハイパー（超）グローバリゼーション

クルーグマンが引き起こした超グローバリゼーション

「敗走する経済学者たち」　エコノミスツ・オン・ザ・ラン
ECONOMISTS ON THE RUN
（マイケル・ハーシュ 著、『フォーリン・ポリシー』誌、２０１９年10月22日号）　古村治彦、副島隆彦 訳

冒頭の主張要約文（サマリー）

訳文　ポール・クルーグマン Paul Krugman と国際貿易を専門とする主流派の経済学者たちは、「私たちはグローバリゼーション（globalization）について予測を間違った」と現在、認めつつある。

その内容は、自分たち経済の専門家が考えていた以上に、グローバリゼーション（地球規模《きぼ》化）は、アメリカの労働者に打撃を与えていた、というものだ。自由市場を信奉する（自分たち民主党リベラル派の）経済学者たちが、どうやら、保護主義《プロテクショニズム》を唱える煽動政治家であるdemagogue《デマゴーグ》（即ちドナルド・トランプ）を、ホワイトハウスの主《あるじ》にしてしまったのである。

英語原文 Paul Krugman and other mainstream trade experts are now admitting that they were wrong about globalization: It hurt American workers far more than they thought it would. Did America’s free market economists help put a protectionist demagogue in the White House ?

訳文 ポール・クルーグマンは、これまで自分が馬鹿だと判断した人間の考えを受け入れることをしなかった。ノーベル経済学賞受賞者であるクルーグマン教授の名声は、アメリカ国内にとどまらず海外にまで鳴り響いている。知識人ならば一度は書いてみたいと羨《うらや》む『ニューヨーク・タイムズ』紙の論説ページ（オプ・エド・ページ。オポズ

これから日本で流《は》行《や》るのは、このハイパー《Hyper》(超)グローバリゼーション《grobarization》というコトバだ

マイケル・ハーシュ 著『フォーリン・ポリシー』誌 2019年10月22日付

古村治彦、副島隆彦 訳

クルーグマンは次のように書いている。「私自身を含む主流派経済学者たちは、間違った。グローバリゼーションが**超《ハイパー》グローバリゼーション** hyper globalization を引き起こしていた。そのために経済と社会で大変動が起き、特にアメリカ国内の製造業に従事する中産階級の大変動を、私たちは認識できなかった。この極めて重要な部分を、私たちは見逃してしまった」。

Now Krugman has come out and admitted, offhandedly, that his own understanding of economics has been seriously deficient as well. In a recent essay titled "What Economists (Including Me) Got Wrong About Globalization," adapted from a forthcoming book on inequality, Krugman writes that he and other mainstream economists "missed a crucial part of the story" in failing to realize that globalization would lead to "**hyperglobalization**" and huge economic and social upheaval, particularly of the industrial middle class in America.

"空洞化《ホロウ・アウト》"

大企業が工場を海外に移転させた。
子会社の工場群も一緒に連れていった。

"失業"

ところが、労働者(従業員)たちは、海外にいかず、地元に取り残された。

イット・エディトリアル・ページ）をずっと書いてきた（訳注。２０００年、47歳のときから。現在も）。

彼が名声を獲得した方法は、自分とは考えの異なる反対者たちを、最も効果的な方法で叩きのめすことだった。クルーグマン（１９５３年生、現在67歳）は、１９９０年代初め（37歳）から、数多くの著書と論文を発表してきた。彼は一貫して、グローバリゼーションの進展のペースが、あまりに急速であることに疑問を持った学者たち全てに対して、「（あなたたちは）経済をよく理解していない馬鹿《シリー》だ」という烙印《らくいん》を押し続けた。

他国との競争、特に中国との競争に不安を募らせた経済専門家たちを形容するのに、クルーグマンは、「愚か者」silly《シリー》という言葉をよく使った。「他国との競争を恐れるな」と、クルーグマンは言い放った。そして、「自由貿易《フリートレイド》だけが、我々アメリカの繁栄の主要な要因ではないのだ」とクルーグマンは主張してきた。

英語原文 Paul Krugman has never suffered fools gladly. The Nobel Prize-winning economist rose to international fame—and a coveted space on the New York Times oped page—by lacerating his intellectual opponents in the most withering way. In a series of books and articles beginning in the 1990s, Krugman branded just about everybody who questioned the rapid pace of globalization a fool who didn't understand economics very well. "Silly" was a word Krugman used a lot to describe pundits who raised fears of economic competition from other nations, especially China. Don't worry about it, he said: Free trade will have only minor impact on your prosperity.

訳文 （ところが、外国貿易がもたらした、アメリカ人の）収入格差について、もうすぐ出版される本の1章で、クルーグマンは次のように書いた。それを短くまとめたのが、**「私を含む経済学者たちがグローバリゼーションについて間違っていた」**という題名の最新の論文である（訳注。本書、第4章に掲載）。

ここでクルーグマンは次のように書いている、

「私自身を含む主流派経済学者たちは、間違ったグローバリゼーションが超《ハイパー》グローバリゼーション hyperglobalization を引き起こしていた。そのために経済と社会で大変動が起き、特にアメリカ国内の製造業に従事する中産階級の大変動を、私たちは認識できなかった。この極めて重要な部分を、私たちは（2000年から）見逃してしまった」と書いている。

アメリカの労働者階級が多く住む地域は、中国との競争の影響を深刻に受けていた。クルーグマンは、「**私たち経済学者は、中国との競争の影響を過小評価するという〝重大な誤り〟を犯してしまった**」と述べている。

英語原文 Now Krugman has come out and admitted, offhandedly, that his own understanding of economics has been seriously deficient as well. In a recent essay titled “What Economists (Including Me) Got Wrong About Globalization,” adapted from a forthcoming book on inequality, Krugman writes that he and other mainstream economists “missed a crucial part of the story” in failing to realize that globalization would lead to “hyperglobalization” and huge economic and social upheaval, particularly of the industrial middle class in America. And many of these working-class communities have been hit hard by Chinese competition, which economists made a “major mistake” in underestimating, Krugman says.

トランプ大統領をクルーグマンが誕生させた⁉

クルーグマンはトランプを当選させた功労者

訳文 1990年代以降、すっかり荒廃してしまったアメリカ。さびれた地域で解雇された数多くの労働者のことを考えると、これはまさに「しまった」という瞬間である。

クルーグマン教授は、最近すっかり謙虚《ハンブル》になった。彼は、これから自分をもっと悩ませるであろうことで悩まなければならない。それは、「クルーグマンとその他の主流《メインストリーム》派経済学者たち（彼らは総じて民主党支持のリベラル派である）は、これまでずっとホワイトハウスの歴代大統領に、自由市場《フリートレイド》は（文句なしで）素晴らしいのだ、と助言を行なってきた。

その結果として、過激な保護主義《プロテクショニスト》を唱えるポピュリストである、ドナルド・トランプをホワイトハウスの主《あるじ》に据える手助けをしてしまったのではないか？　という疑問だ(訳注。**即ち、皮肉なことにクルーグマンたちが、トランプを当選させた最大の功労者だ、と**)。

英語原文 It was quite a “whoops” moment, considering all the ruined American communities and displaced millions of workers we’ve seen in the interim. And a newly humbled Krugman must consider an even more disturbing idea: Did he and other mainstream economists help put a protectionist populist, Donald Trump, in the White House with a lot of bad advice about free markets?

ポール・クルーグマンの自己批判文の結論

訳文 この評論文の筆者である私（マイケル・ハーシュ）は、ここで公平を期すが、クルーグマンは、彼自身が昔から唱えていた自由貿易《フリートレイド》万能の主張が誤りだったと認め、ここ数年、自分の考えを訂正したと率直に認めるようになっている。

クルーグマンは、（2008年の）金融危機《ファイナンシャル・クライシス》（訳注。リーマン・ショックのこと）

「自由貿易《フリートレイド》なんかクソ食らえ」オレ（トランプ）は、保護貿易主義者《プロテクショニスト》と呼ばれても…構わんゾ！

と、それに続く（アメリカの）不況（訳注。しかし２００９年からあとアメリカ政府は、強気に居直って、アメリカは不況《リセッション》には陥《おちい》っていない、と言い続けた）のあと、なんと彼は自分が所属している経済学界への批判の急先鋒を務めた。その内容は時に辛辣《しんらつ》だった。

クルーグマンは、過去30年間の（自分の学者生活の）大部分を、「**マクロ経済学は、良く言えばそれほどには役に立たない。あからさまに言うと有害だった**」“spectacularly useless at best, and positively harmful at worst”と断言したのである。

英語原文 To be fair, Krugman has been forthright in recent years in second-guessing his earlier assertions about the effects of open trade. He has also become a leading and sometimes harsh critic of his own profession, especially in the aftermath of the financial crisis and Great Recession, when he declared that much of the past 30 years of macroeconomics was “spectacularly useless at best, and positively harmful at worst.” He admirably held the Obama administration to account for its timid financial and economic reforms. He even had some kind things to say about

トランプは、41歳（1987年）まで ゲッパート主義者だった。 NY民主党員で、強欲資本家の 息子でも、若い頃はリベラル派

写真：USGov

リチャード・ゲッパート
Richard Gephardt
（*1941*－　）

ゲッパートは「高関税」で1988年日本叩きを推進した保護貿易《スーパー301条》論者。
トランプが"スーパー301条"を引っぱり出してきて実施。

写真：AP/アフロ

写真：AP/アフロ

日米貿易摩擦で、日本車を叩き壊すアメリカの自動車労組UAW

訳文 （アメリカ）経済学者たちは、経済学そのものに過剰なまでの自信を持っていた。だから自分自身の誤りを認めるのに、あまりにも長い時間がかかってしまった。

ついに自分の誤りを認めるようになったクルーグマンは、（訳注。リーマン・ショックが起きた翌年の）２００９年に書いた『ニューヨーク・タイムズ・マガジン』誌の記事で、「**私たち経済学者は一団となって、自分たちが書いた素晴らしく壮麗な数式で、着飾った経済学の論文を、みんなで真実だと信じ込んだ。それは間違いだった**」と書いた（そしてそれから11年が経《た》った）。

英語原文 Yet it has taken an awful long time for economists to admit that their profession has been far too sure of itself—or, as a penitent Krugman put it himself in a 2009 article in the New York Times Magazine, that **“economists, as a group, mistook beauty, clad in impressive-looking mathematics, for truth.”**

アメリカの貿易戦略

大戦に勝って
1950年代から

A

自由貿易《フリートレイド》を謳歌

誰も逆らえない大正義(なのだが…やがて壊れ始めた)

ソビエト(崩壊、1991年12月)を打倒して、アメリカは世界帝国になった。

1980年代から

B

戦略的貿易論者《ストラテジック・トレイダー》が出現した

ロバート・ライシュ　ローラ・タイソン

USTR(米通商代表部)が外国イジメで登場。
ゲッパート法案(1988年)を労働組合が支持。

日本との貿易赤字が激増して、通商交渉(貿易戦争)が激化した。

C

保護貿易論《プロテクショニズム》

これを真顔で言うと、経済学者としては(学界の)“枠の外”で村八分にされる(相手にされない)。

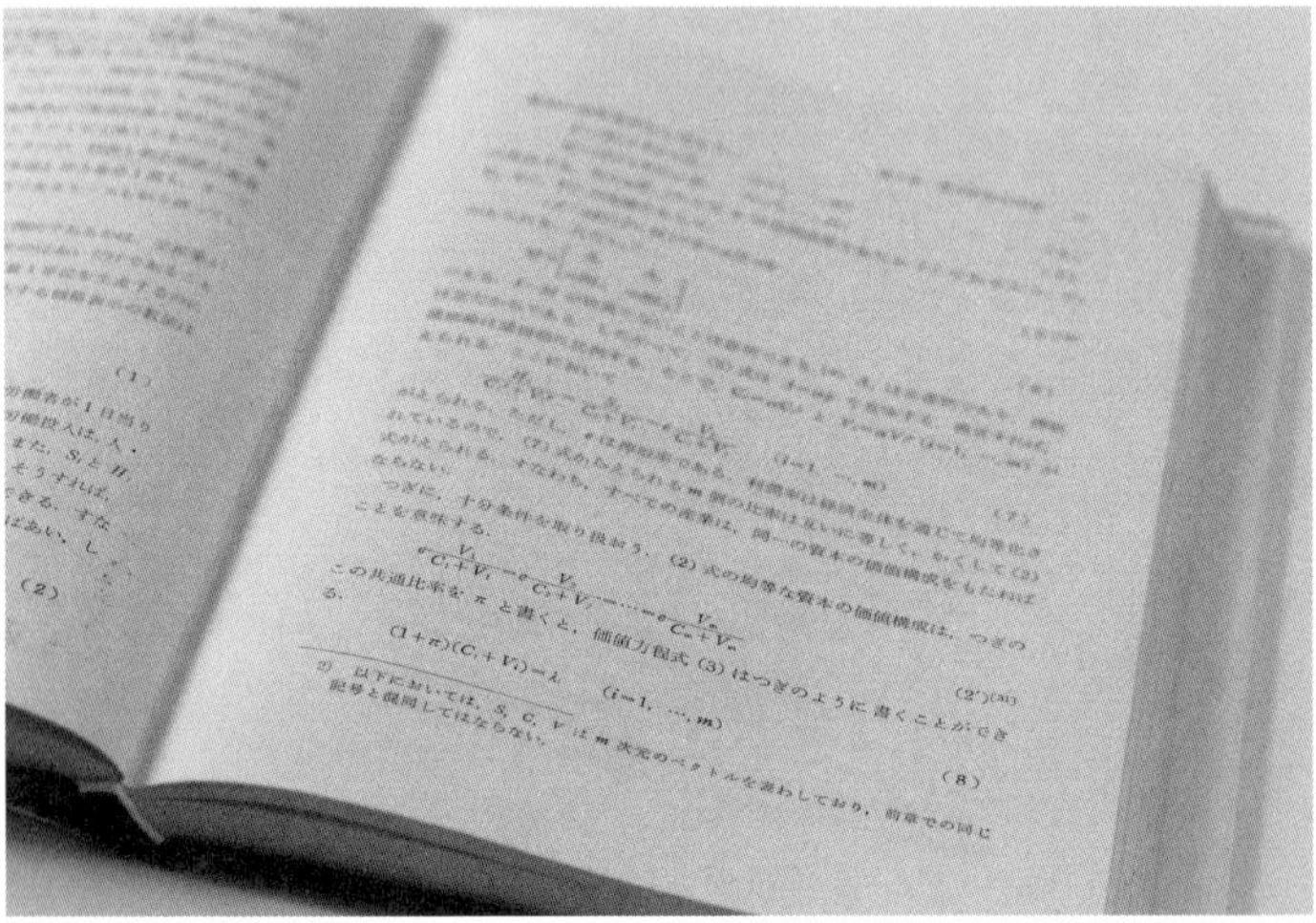

理論経済学の本は、こういう数式だらけだ

『マルクスの経済学』（森嶋通夫著、東洋経済新報社、1974 年刊）から。

第2章

経済学の数式はすべて「Y＝M」である

理論経済学はどのようにして生まれたか

たった1行で解ける経済学の秘密

経済学理論の土台はすべて同じ

第1章でクルーグマンを批判するマイケル・ハーシュの評論文の冒頭の4分の1だけを、原文に忠実に私が日本文に訳して載せた。残りの4分の3は、あとの第3章に載せて、それに私の解説文をたくさん付け加えている。

冒頭の第1章で、アメリカ経済学界で大騒動が起きていることが分かった。学界の代表者であるクルーグマンに対して厳しい批判が巻き起こっていることが分かっただろう。

続いてこの第2章では、副島隆彦による「経済学とは何か」の真実の暴《あば》きの理論《セオリー》を載せる。現代の理論経済学の根底にあって、〝無前提の前提〟になっていることを、ずーっと解明してゆく。

第1章を引き継いで、そして後続する第3章に論旨が一貫性を持つように説明してゆく。

ここに「Y（もの）＝M（お金）」という1行の式（方程式）がある。この「Y＝M」で、経済学《エコノミックス》なるものの大きな謎は解ける、と私は断言する。

ケインズ経済学も、マネタリズム（シカゴ学派）も、マルクス経済学も、新古典派《ネオクラシカル》もすべてその基本骨格は、Y＝Mで出来ているのである。

現代ヨーロッパとアメリカの経済学の根底にあるのは、①実物《じつぶつ》経済（もの、財《ざい》、サーヴィスの市場）と、②金融（おカネ）経済 との関係をどのようにとらえるか、である。

理論経済学は、Y ＝《イクオール》 M というたったひとつの数式（公式）で、すべてを書き表してきたのである。あからさまに大きな真実を1行で言い切る、とこういうことだ。

私は、このことを発見して『絶望の金融市場』（徳間書店　2019年4月刊）の第5章に大急ぎで書いた。この発見を本書の第2章で、さらに詳しく説明してゆく。

Y　＝　M　とは何か。

Y（yield　イールド）とは、ある国のすべての活動全部、そしてその生産高、と考える考え方である。一番分かり易く言うと、GDP《ジーディーピー》（国内総生産）のことである。

これはSNA《エスエヌエイ》「国民会計体系」（a system of national accounting《ア システム オブ ナショナル アカウンティング》）という考えから生まれた。GDP自体についてはこれ以上のことは説明しない。

今の日本のGDPは、5・2兆ドル（570兆円）である。世界のGDPの合計は90兆ドル、約1京《けい》円（1千兆円の10倍）である。このうちアメリカ合衆国が、24兆ドル（2700兆円）、EU《イーユー》（ヨーロッパ）全体で22兆ドル（2400兆円）である。中国がもうすぐ18兆ドル（2000兆円）である。

Yは、国民所得、国家の総《そう》収入である。この他にある企業が1年間に稼ぎ出す売り上げや総収入と考えてもいい。と同時に、このYは、ひとりのサラリーマン（勤め人。給与所得者）であるあなたの1年間の年収（たとえば600万円）と考えてもいい。

このようにY（イールド）とは、人間という生き物のうごめきの全体（量）ということである。Yというのは、そういう抽象（アブストラクト abstract）概念である。このYは、場合に応じていろいろに変化する。

Y＝Mの、Mのほうは、マネーサプライといって、その場合の、お金の量すべて、という意味だ。だから「Y（私の生活活動のすべて）＝M（600万円）」なのだ

Yとは、ある国のすべての活動全部のことだ。今の日本のGDP（国内総生産）5・2兆ドル（570兆円）のことだ、と言ってもいい。

このYは、膨らんだり縮んだりする。人間活動が激しくなると、膨らむ。ある企業の年

すべての経済学の数式、公式は、Y＝Mの形でできている

もの

Yield ＝ Money

カネ

Yield（もの）	＝	Money（カネ）
実物経済		お金の経済
人間（人類）全部の活動と生産		地球上のお金の総量

①マーシャルの方程式（新古典派）

②フィッシャーの交換方程式（元祖マネタリズム）

③ケインズの有効需要の原理

④ケインズ本から勝手に作ったヒックスの方程式

⑤マルクスの基本定理

⑥ピケティの法則

間売り上げは、30億円から40億円になったりする。

あなたの年収が、600万円から500万円に減る（減給）こともある。あるいは転職が成功して一気に年収1000万円に増えることもある。これが、YでありMである。

ある国が戦争や内乱や金融恐慌（ファイナンシャル・クライシス）で貧乏になると、Yはガタンと減る。その国のGDPは20％落ちる。反対に好景気が続いて高度成長経済（年率10％とかの成長）することもある。

この時は、Y（活動）は10％膨《ふく》らむ。同時に、反対側のM（お金の量）も同じだけ10％膨らむ、と考える。Y＝Mで、＝（イクオール）なのだから。だから、はじめのP41のグラフに戻って、すべては、Y＝Mなのだ、と分かれば、経済学という学問の大理論は、その土台は、すべてこれで同じなのだ、と分かる。どんな難しい数式もどんどん元に戻してゆけば、簡単に表せて、この1行の式（フォーミュラ）に行き着く。

つまり　Y（もの）＝M（カネ）なのだ。これを、

Y（実物経済。財物《ざいぶつ》の市場）＝M（貨幣経済。金融市場）と言い換えてもいい。このY＝Mは、左ページに掲げた、すべての経済学の6つの原理の大元《おおもと》なのである。

以下の6つの経済学の6つの原理《げんり》（プリンシプル）は、すべて、たったひとつ

Yield ＝ Money である

基本は $y=3x+1$　方程式 equation《イクウェイジョン》（中学3年生で習う）

$y=f(x)$　y は x の関数《ファンクション》である（高校1年生で習う）

① A・マーシャルの方程式

$$M = k\ p\ Y$$

M: money supply　p: price　Y: yield

② I・フィッシャーの交換方程式

$$M\,v = pQ \quad (pQ = Y)$$

M: money stock　v: velocity　p: price　Q: quantity

③ ケインズの有効需要の原理

$$Y = C + I \quad (C+I = M)$$

Y: 国民所得　C: 消費　I: 投資、生産、研究開発

④ ケインズ本から勝手に作ったヒックスの方程式

$$I \cdot S = L \cdot M$$

I・S: 実物経済 ＝ Y　L・M: お金経済

⑤ マルクスの「資本論」を③と同じにした

$$\overset{Y}{X} = \overset{C}{C} + \overset{I}{N}$$

X: 商品の価値　C: 生産財　N: 剰余価値 労働＝surplus value

⑥ トマス・ピケティ

$$\overset{M}{r} > \overset{Y}{g}$$

r: rent、rate、ratio　g: growth

数式を初めて使ったアルフレッド・マーシャル

経済学は社会改善のための提言書だった

経済学に初めて数学の数式を入れた人物は、アルフレッド・マーシャル（1842―1924年）というイギリス人の大《だい》経済学者だ。

マーシャルは、1890年に、『経済学原理』*"The Principles of Economics, 1890"*という本を書いて、ここで M＝kpY（P49にある）という式、フォーミュラ（公式）をつくった。これは物理学《フィジックス》の古典力学（クラシカル・メカニックス）の式を応用したというか、真似《まね》をして書き表したものだ。

1880年代までは、ジョン・スチュアート・ミル（1806―1873年）やジェレミー・ベンサム（1748―1832年）たちの時代だった。彼らが、「社会政策としての

経済学原理1〜4
馬場啓之助訳／東洋経済新報社刊
1966〜68年

アルフレッド・マーシャル

Alfred Marshall *（1842－1924）*

イギリスの経済学者。はじめ数学、物理学を、ついで神学、哲学を学んだ。更に経済学の研究に進んだ（1868、26歳）。アメリカを訪れ（75）、同国の保護政策を研究。ブリストル・ユニヴァーシティ・カレッジ校長を経て、ケンブリッジ大学経済学教授（1885‐1908、43〜66歳で引退）。新古典派（ニュークラシカル）経済学の創始者。主著の『経済学原理』（1890）は、イギリス、アメリカの大学で、半世紀以にわたって教科書として用いられた。

マーシャルの学説の特長は、数学、とりわけ古典力学を経済学に応用して使用したことである。限界分析（マージナル・アナリシス）の方法や、経済理論の図解で独創を発揮した。現実の人々の経済の営みを重要視し、理論の上では折衷的であった。19世紀のイギリスの思想界の流れであった進化論を経済学に取り入れた。

（『岩波西洋人名事典』から作成、加筆）

経済学」をおおいに実践していた。

この時代までは、経済学（エコノミクス）というのは、大学で偉そうに、むずかしそうに講義する、というつまらないものではなかった。J・S・ミルや、その父のジェイムズ・ミル、そしてJ・ベンサムとその弟子たちは、本気でワーワーと、イギリス社会の汚れた穢《きたな》い都市の現状（貧民《ひんみん》対策を含む）を改善・改良するための提言を徹底的に行なった。それを本にした。国会議員となって議会でガンガン演説もして諸政策を推進した。

本当の経済学とは、社会を改善するために、気合を入れて、自説を強力に唱えることであったのだ。経済学者たちは、社会政策家《か》であって、彼らの書物（出版物）は、演説調であり、普通のコトバ（自然言語《しぜんげんご》）だけで経済学をやっていた。彼ら当時のヨーロッパ最大の経済理論家たちは、普通の言葉で数式なしの経済政策の本を書いていたのだ。

これを「ポリティカル・エコノミー（政治経済）という。いまも日本には、ポリティカル・エコノミー、政経《せいけい》学部という言葉がある。早稲田大学などで政治経済学部が残っているのは、その影響だ。もともとはジョン・スチュワート・ミル由来の政治経済学だったからだ。

慶応義塾《ぎじゅく》で、福澤諭吉《ふくざわゆきち》は、このJ・S・ミルの『自由論』"*On Liberty*《オン リバティ》*, 1859*"や『経済学』"*Political Economy, 1844*"を使って講義したのだ。

かつては政治学《ポリティックス》と経済学《エコノミクス》は合体していた

ポリティカル・エコノミーは政策学である。「国家(政府)は経済政策《エコノミック・ポリシー》をこういうふうにやるべきだ」という社会をよくするための提言だ。国民生活をどのように豊かにしたらいいかという学問である。

その当時、1830年代から1880年代に、ロンドンの穢《きたな》い貧民街や河川(ドブ川)をきれいに作り変えることや、道路を堅固にし、運河と鉄道を敷設することが、どんどん実施された。一言で言えば、都市計画の実行だ。このために政治経済学(ポリティカル・エコノミー)が有ったのだ。

鉄道をどんどん全国に引いて都市を電気を電力化し、鉄道もディーゼル(重油)車にし、このあとすぐに電気機関車《エレクトリック・カー》になった。高層ビルを開発し、都市を壮麗にするという政策でもあった。だから、かつては政治学《ポリティックス》と経済学《エコノミクス》は合体していた。それをいったい誰が、今のつまらない数式の山のヘンな学問に堕落させ変造したのか。

ミルやベンサムは普通の文章で書いて政策論議をしていた。そこには数式は出てこない。ところが、１８９０年のアルフレッド・マーシャルの『経済学原理』"*The Principles of Economics, 1890*"から、数式がガバガバ出始めた。

マーシャルは、**M＝kpY**を作って、Y（イールド）と、k（という係数、あるいは媒介変数《パラメーター》）とp（価格）の3つを片方の式とし、その反対側のM（マネーサプライ）をイクオールでつないだ。

おさらいすると、M（マネーサプライ）は、お金の供給の総量《そうりょう》、全体量という意味だ。Y（イールド）というのは、前述したとおり、GDPと一緒で1年間の国家の生産量、あるいは個人や企業の生産高や総収入のことだ。

このY＝Mの式の中に、kとpという言葉がある。kは係数《けいすう》だ。pはプライス price のことで値段、価格だ。kという係数は、のちに〝マーシャルのk〟と呼ばれる。

このkは、比例定数とか媒介変数とも呼ばれるもので、実は何のことか分からない。YとMの両者を調整して、一致させるための記号（係数）だ。

係数というのは、coefficient（コウエフィーシエント）といって、式の両方合わせるため

① 経済学に初めて数式を持ち込んだ マーシャルの方程式

カネ

$$M = k\,p\,Y$$

money supply
マネーサプライ
貨幣量

マーシャルのk × price プライス × yield イールド
係数　価格　実質国民所得

「係数」(coefficient コウエフィシエント)とは、一定の割合や率を表している。膨張率とか、摩擦率のように現象ごとに数値が決まっている。「マーシャルのk」もこの一種であるのだが、この式は一般化しているものだから、物理現象のような定数(コンスタント)にならない。だから訳《わけ》が分からない。「MはYの関数《かんすう》である」と読む。「変数《へんすう》Yが変化するとMが変わる」と考える。そのようにできている。なんなら無視していい。

数学、数式を使ってものごと(現象)を書き表すということは、元々《もともと》こういうインチキくさいことなのだ。

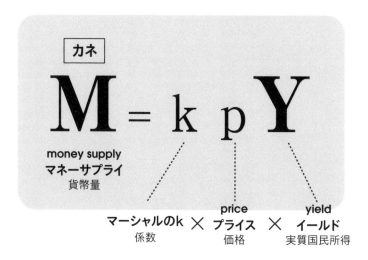

の仕掛けである。この〝マーシャルのk〟で、景気（ものの量と流通）と金融（お金の量）の関係を論じることに、今の経済学ではなっている。

この式を作ったアルフレッド・マーシャルは、ケインズの先生である。ケンブリッジ大学で教えていた。マーシャルがケインズよりちょうど40歳、年上である。ケインズが25歳で初めて講師になった年である1908年に、マーシャルは引退した（68歳）。だからケインズがマーシャルの跡継ぎだ。

ケインズは若くして、イギリス財務省やイギリス王室（国王ジョージ5世）からの信用が厚く嘱望《しょくぼう》されていた。ケインズは初めから英財務省の顧問格《アドヴァイザー》である。ただの官僚《キャリア・スタッフ》ではない。

ケインズの実の父親も経済学者でケンブリッジ大学に住み込んでいたような学者だった。だが、あまり偉くなかった。ケインズの父もマーシャルから教えを受けた。

アーヴィング・フィッシャーの貨幣数量説

フィッシャーの方程式はマーシャルのボロまね

前述したとおり、1890年にケンブリッジ大学でアルフレッド・マーシャル教授が初めて数式にしたM＝kpYを、アメリカのイエール大学にいたアーヴィング・フィッシャー（当時、24歳の若造）が、Ｍｖ＝ｐＱという式（本書Ｐ53）に書き換えた。そのように拡張したというか。複雑にしたというか。変形した。

このフィッシャーの高級で難しそうな式は、前述したアルフレッド・マーシャルの本の2年後に書かれた（1892年）。マーシャルの『経済学原理』という、定評ある経済学の教科書を、アメリカの学生であるフィッシャーが詳しく読み込んだのは当然だ。

フィッシャーがつくった、Ｍｖ＝ｐＱという公式は、よく見るとアルフレッド・マーシャルの泥棒というか、ボロ真似《まね》なのだ。

M＝kpY（本書P49）とMv＝pQの2つの方程式をじっと見比べたら、同じ形をしており、ほとんど一緒である。記号のvとQが新たに表れている。Pは価格《プライス》で同じだ。Yが消えているが、これが、＝pQになっている。Qは、Quantityクワ（オ）ンティティといって、量《りょう》のことで、「取引量の全て」を表している。

この式が作られた瞬間（1892年）に、「お金《かね》を中心に考える経済学」がこの世に誕生した。「貨幣数量説《かへいすうりょうせつ》」とも言い、後に「マネタリズム」即ち、「お金一点貼り《マネー》」の経済学だ。

このMv＝pQの式の左辺のMは、「マネーサプライ」と言わないで、「マネーストック」と言う。それに対しマーシャルと弟子のケインズたちは、その後ずっと「マネーサプライ（お金の供給量）」を使い続けている。

ところがフィッシャーの系統の人々、即ち、シカゴ学派＝マネタリストは、「マネーストック」と使う。意識的にマネーサプライの語を消した。私はこのことを鋭く見抜いた。

今の日本の日銀も、リーマン・ショック（2008年）の前頃から、「マネーサプライ」という言葉を消して（使わなくなり）、マネーストックと言うようになったのは、ここに秘密がある。

② フィッシャーがマーシャルの本の2年後(1892年)に着想を得て作ったお金中心の公式

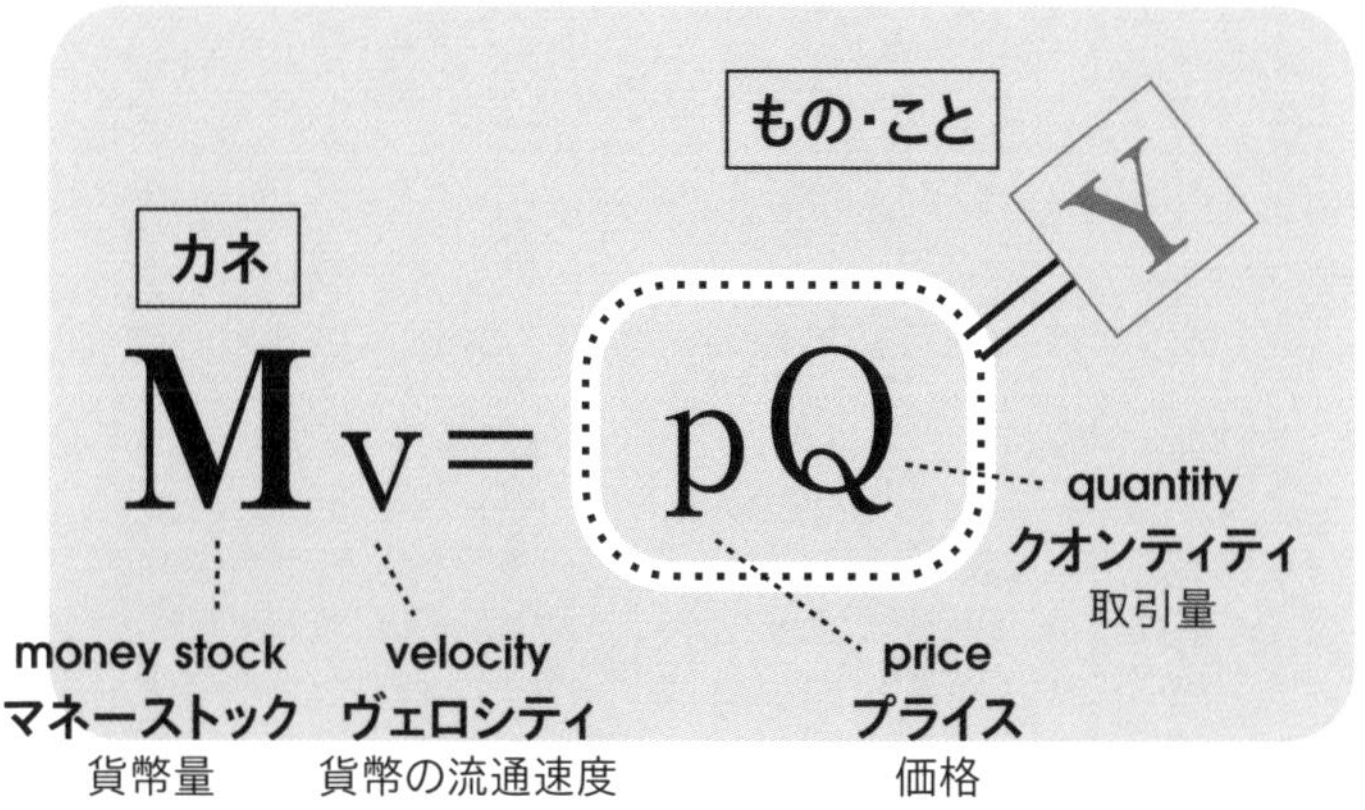

人間(人類)が生み出したお金(動物にはない)なるものは、人間の血と汗の結晶、あるいは人間をすり潰して脂《あぶら》にしたものだ。「膏血《こうけつ》を絞《しぼ》る」というもっと根源的な考えもある。それが生産物価値説である。イギリスの初期の経済学者のジェイムズ・スチュアート(1712-1780)が初めて唱えた。ここから労働価値説(work《ワーク》 value《ヴァリュー》 thory《セオリー》)が生まれた。人間の労働だけが生活を豊か(価値の増大)にすると考える。

この労働価値説は、ジェイムズ・スチュアートより15歳年下のアダム・スミスに伝わった。そしてリカードゥとマルクスに伝わった。

つまり、日本の日銀も欧米の金融界に追随して、ケインズ主義を投げ捨てて、マネタリストに転向した、ということを如実に表している。私はこのことにかなり早くから気づいていた。

Mv《ヴィ》のvというのは、ベロシティvelocityといい、これは速度、速さのことだ。時速60kmで走る自動車は「時速60kmというベロシティ（スピードと同じ）」がある。

ここでのv（ベロシティ）は、貨幣の流通速度という係数《けいすう》だ。これが何を表しているかは、本当は、分からない。マーシャルの式のときのkと同じcoefficient《コウエフィーシエント》（係数）だ。

本書P49の図表の①M＝kpY（マーシャル式）と、P53の②Mv＝pQ（フィッシャー式）を見比べると、Y＝pQだということが分かる。

残るのはkとvである。このkを、左辺に移すと、$\frac{1}{k}$となる。これがvと等しい。即ち$v=\frac{1}{k}$である。

なーんだ。この②フィッシャーの式は、①マーシャルの式と同じじゃないか。ただし「貨幣の流通速度」という新しい考えがここで生み出されている。

pはプライス、値段、価格である。Qはクアン（オン）ティティquantityであり量のこ

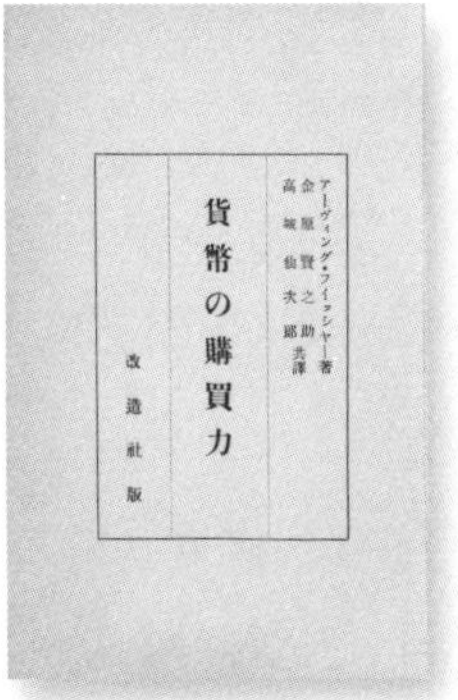

貨幣の購買力
金原賢之介、高城仙次郎訳
改造社／1936年刊

写真：Bain News Service

アーヴィング・フィッシャー

Irving Fisher *(1867－1947)*

アメリカの経済学者、統計学者。31歳でイェール大学教授(1898-1935)、37年間、68歳まで務めた。アメリカ計量経済学(エコノメトリックス)の先駆者。インチキ学問の始まり。24歳で書いた最初の書籍、『価値と価格の理論の数学的研究』'*Mathematical investigations in the theory of value and price, 1892*'は、A・マーシャルの『経済学原理』を貫くY(もの)＝M(マネー)の公式を応用(即ち真似)して、貨幣の流通速度(回転率)に置き換えてみせた。この処女論文が、フリッシュやシュンペーターによって極めて高く評価された。貨幣数量説の主唱者として、「フィッシャーの交換方程式」として共に広く知られるようになった。また物価指数論での「フィッシャー理想算式」で名高い。アメリカ経済学会会長を歴任。主著は『貨幣の購買力』(1911、44歳)。

(『岩波西洋人名事典』から作成、加筆)

『貨幣の購買力』

アーヴィング・フィッシャー著

金原賢之助、高原仙次郎共訳／改造社／1936年

…転じて、同方程式の財貨面を見れば、吾々の研究を要する所は、売買財貨の価格と其の数量である。特定社会に於いて一年間に購買せられた何等かの特定の財貨、例えば麵麭（めんぽう・パン）の平均売価P（price）［価格］となし、其の売価の総数量をQ（guantity）［数量］とし、又他の財貨例えば石炭の平均価格をp′となし、其の売買数量をQ′とし、更に第三の貨物、たとへば織物の価格と其の数量に対してそれぞれP″とQ″を用い、且つ貨物の種類の多少を問わず、総べて他の財貨の価格と数量を同一の方法を用いて之を示せば、交換方程式を左のごとく表示しうることは明らかである。

MV=pQ

+ p′Q′

+ p″Q″

+ etc.

（30-31ページ）

とである。取引量のすべてのことだ。

もう一度書くが、pQ＝Yである。これは取引総量（もの）であり、たとえばボールペン1個100円（p）が5個（Q）売れると、500円である。この500円が左側の＝Mv（お金）である。

pとQを掛け合わせたらY（生産量）のことだ。国民総生産でもいいし、企業の年間売り上げでもいい。600万円のサラリーマンの年収でもいい。

貨幣数量説はマネタリストの根本思想

アーヴィング・フィッシャーは、お金を量だと考えた。これを古くから「貨幣数量説」という。お金（マネー）というのは数量であってそれ以上ではなく、それを中心に世の中（世界）を考える、という学派《スクール》である。何を私が書いているのか分からない人もいるだろう。私もこれ以上、分からない。

このフィッシャーが創始（あるいは変造）した（らしい）貨幣数量説で今の世の中が動いていると考える人々がいる。これがマネタリストの思想の根本である。

この貨幣数量説に対して、お金というのは、そんな生《なま》やさしいものではない。お金は、人間が汗水垂《あせみずた》らしてようやく稼《かせ》げるものだ、という考えがある。

もっと言うと、人間（人類）が生み出したお金（動物にはない）なるものは、人間の血と汗の結晶あるいは、人間をすり潰して脂《あぶら》にしたものだという、もっと根源的な考えもある。「膏血《こうけつ》を絞《しぼ》る」という。それが生産物価値説である。

イギリスの初期の経済学者のジェイムズ・スチュアート（1707―1780年）が初めて唱えた。ここから労働価値説（work《ワーク》 value《ヴァリュー》 theory《セオリー》）が生まれた。人間の労働だけが生活を豊か（価値の増大）にすると考える。だから利子（儲《もう》け）も、人間労働から生まれた、と考える。

この労働（が重要だ）価値説は、ジェイムズ・スチュアートより16歳下のアダム・スミスに伝わった。そしてリカードゥとマルクスに伝わった。

それに対して、何とニュー・ケインジアンを自称するアメリカの多数派（主流派、新古典派《ネオクラシカル》でもある）の経済学者たちまでが秘かに、この貨幣数量説（マネーの量が経済学の全てだ）になだれ込んでいった。ニュー・ケインジアンは、ケインズ思想の裏切り者の集団である、と私は書く。

この貨幣数量説がついに大失敗、大敗北した。それが2008年のリーマン爆発《ショック》であった。このとき今のアメリカ経済学は何をやっているのか、が大きくバレてしまった。

ごく簡単に言うと、お札《さつ》（通貨）を発行する権限を持つ中央銀行が、お札をたくさん発行して、足りない分を全部補えば、必ず不況から脱出できるという理論だ。「とにかくお金が足りないから不況になる」という理論である。バカみたいだが、これが、彼ら貨幣数量説（マネタリスト）の正体だ。

「金融政策（マネタリー・ポリシー）によって物価をコントロールできる。物価をコントロールできれば、不況から脱出できる」である。人為的に、人工的に、貨幣量をコントロールしさえすれば景気はよくなる、と考える。これが貨幣数量説だ。

マネタリストはお金が中心の経済学

この、「お金は量で表すものだ」という考え方が、やがてケインジアンと対立するシカゴ学派の中心の思想になっていった。さらにそれを極端化した集団をマネタリストという。マネタリズムは、お金が中心の経済学だ。

②のフィッシャーの考えに連なるミルトン・フリードマン Milton Freedman（1912―2006年、P265に解説あり）が、シカゴ学派の中のマネタリストの創立者《ファウンダー》だ。

フリードマンは、〝マーシャルのk〟を2％とし、1年間に2％ずつ通貨量（お札）を増やせば、景気を管理できる、と唱えた。

シカゴ学派に対抗して、ハーヴァード大学に固まっていたのがケインジアン（ケインズ主義者）である。

この両者は1950年代、60年代に激しく争った。そしてハーヴァード大学に集まっていた自称ケインジアンたちが、1980年代には負けてしまった。

なぜ負けたことになったのか分からない。「フィリップ曲線」（利子率と失業率は反比例する）が通用しなくなり、景気とインフレ経済を管理できなくなった（スタグフレーションが起きた）。だからケインジアンの負け、となった。

それなのに彼らはその後もクルーグマンを含めてニュー・ケインジアンを名乗って、自分たちでも訳《わけ》が分からなくなった。ケインズ自身は彼らを相手にしなかった。

パーレオ（祖型《そけい》）ケインジアンと呼ぶべき、本物の頑固なケインズ原理主義者《ファンダメンタリスト》がアメリカの大学でわずかに生き残っているはずなのだが、よく分からない。

②のアーヴィング・フィッシャーが作ったMv＝pQという式は、不況（デフレ経済）のときには、どんどんお札を刷って、世の中に回せばいい。そうしたら必ず不況から脱出できる、という理論だ。これがマネタリストだ。

日本もアメリカもヨーロッパの〝先進国ダンゴ3兄弟〟はこの20年間、この政策をやった。しかし不況から脱出はできなかった。フィッシャーが始めた貨幣数量説は、効力（効き目、有効性）が落ちた。もう死にかかっている。

「お札を刷って世の中に回せば景気は必ず回復する」を、inflation targetting（インフレーション・ターゲティング）理論と言う。略称「インタゲ」論。アメリカで始まり日本でも大流行した。正式には「インフレ目標値《ち》政策」と言う。

日本の経済学者の中で、「自分が一番、難《むずか》しい数学を使うことのできる数理《すうり》経済学者だ」と威張り腐っていた伊《い》藤《とう》隆敏《たかとし》（合理的期《き》待《たい》形《けい》成《せい》仮説派。第5章で後述する）がこのコトバを決めた。

このインフレーション目標値も年率2％と設定して、物価上昇率が2％になるようにお札の量（緩和《かんわ》マネー）を増やすと自分たちで決めた。そして意識的・人為的に、政府が資金（お札《さつ》）を中央銀行から受け取って（これをマネタリー・ベースとかベース・マネーという）、これを金融市場に流せば、不況から脱出できるという理屈だった。

すなわち人工的にインフレ政策をやれば、デフレ状態（不況）から脱出できるという理論だった。

これを20年やったが、全くだめだった。これで経済学全体が死んだ。ところがこの金融政策《マネタリー・ポリシー》を今もやっている。他にやることがない。もうひとつの財政政策《フィスカル・ポリシー》（財務省がする）は、政府のお金（財政資金《ざいせい》）がないので消えてなくなった。

物価の他にもう一つの指標が賃金だ。賃金は物価の一種だ。インフレ・ターゲット（インタゲ）のマネタリスト経済学者たちは、物価と賃金を無理やりに年率2％上げることを目指した。だが賃金も上がらない。それどころか下がっている。

このインタゲ政策は、アメリカとヨーロッパでも今も行なわれている金融政策だ。日本も日銀・黒田東彦《くろだはるひこ》総裁が性懲《しょうこ》りなく、万策尽《ばんさくつ》きて他にやることがないので、2％のインフレーションを人工的につくる、というマネタリスト政策を実行している。

2013年4月に黒田東彦が登場して、「異次元《いじげん》緩和」とか「非《ひ》伝統的手法」と言って一所懸命に、ベース・マネーをすでに480兆円にまで増やした。アメリカのFRB《エフアールビー》（中央銀行）も4兆ドル（440兆円）のマネタリー・ベースを抱えている。金融市場で取引実態のないマネーである。

日本政府（財務省）が発行した国債を、日銀に引き受けさせて（買わせて）、お札を政府に渡させる。日銀自身も、自分で刷ったお札で独自に、日銀ETF《イーティエフ》（日銀が株式の一種である上場投資信託を購入する）という、〝株の博奕《ばくち》〟をやって、日本の優良大企業の株をいっぱい買っている。

この他に、サラリーマン3000万人の厚生年金を勝手に使い込んで、政府主導で株博奕をやっているのがGPIF《ジーピーアイエフ》（年金積立金管理運用独立法人）である。

だから「お金さえ刷れば景気がよくなる」と主張するマネタリストの原型、祖型は、アーヴィング・フィッシャーが、①のアルフレッド・マーシャルの作ったM＝kpY（本書P49）の式を真似して、作った②のMv＝pQだ。

貨幣（お金、お札）を数量だと考えて、たくさん流通させさえすればいい、と考えた。このことが大間違いであった。

ケインズだけが欧米経済学の神髄である

ケインズの有効需要の理論

経済学とは何か、を日本国民に一番わかりやすく教えてくれたのは、**小室直樹**《こむろなおき》先生の**『国民のための経済原論』**（上巻は〈バブル大復活編〉光文社カッパビジネス　1993年刊）である。

この本のP56に、「GNP（国民総生産）は消費と投資によって決まる」とある。つまり消費と投資からできているということを有効需要の原理　the law of the effective demand《ザ ラー オブ ジ エフェクティヴ デマンド》と呼ぶのである。

有効需要の原理はケインズが発見した。原理というのは、プリンシプル principle で、大変な言葉だ。ケインズ自身は謙虚《けんきょ》に法則 Law《ラー》だと言っている。この法則というのは、人間世界（人類の歴史）を貫いている真実という意味だ。

写真:Getty Images

雇傭・利子および
貨幣の一般理論
塩野谷九十九訳
東洋経済新報社/1941年刊

ジョン・メイナード・ケインズ

John Maynard Keynes *(1883—1946)*

イギリスの経済学者。英財務省とインド省に勤め、その間、確率論の研究に没頭した。A・マーシャルに学ぶ(40歳ちがう)。マーシャルが66歳で引退した年(1908)に、25歳でケンブリッジ大学の特別研究員(講師)となり、貨幣論を講義した。政府の数多くの分野で提言したが、ほとんど終生、経済学を業とした。

王立インド通貨金融審議会と財務省の顧問を長く務めた。第1次大戦(WWⅠ)後の講和会議に、財務省主席代表として出席。第2次大戦(WWⅡ)では、国際通貨基金(IMF)の設立や英米の金融協定の妥結に重要な役割を果たした。

「ケインズ革命」の言葉を生んだ。ケインズの独創性は、『雇用・利子および貨幣の一般理論』(1936)で初めて結実した。大恐慌(1929)後の大不況の原因を論理的に説明することに重点を置くと共に、政策への繋がりも示唆した。その功績は、次第に現実離れしつつあった当時の新古典派経済学を、その学派が理解しうる言葉を持って、現実へ近づけた点にある。

(『岩波西洋人名事典』から作成、加筆)

ケインズは需要《デマンド》（人々が必要とすること）が人間世界を作っている根源であるという考えに立った。

それを最も単純な1行の方程式《イクウェイジョン》に表《あらわ》したのが、左記の③の「Y＝C＋I」の式である。これが、ケインズ経済学の大原理の公式《フォーミュラ》だ。ケインズの最《さい》単純化モデルと言う。

Y（国民生産、イールドyield）は、C（消費、コンサンプションconsumption）＋ I（投資、インヴェストメントinvestment）である。

国民生産（Y）は、消費（C）と投資（I）の2つからできている、とケインズは大きく解明した。

普通の教科書では、「Y＝C＋I」の後ろにG、T、t、Bとが、ぐじゃぐじゃ付いている。Gは政府支出（ガバメント・エクスペンス）、Tは税収、tは税率、Bは国債償還費などだ。これらは全て無視していい。

「Y＝C＋I」は最単純化モデルであり、これだけでケインズの有効需要の原理はできている。この式に実際の金額を当てはめることで、国民経済《ナショナル・エコノミー》、即ちある国の経済全部が動いているとする理論である。

③ケインズの有効需要（エフェクティブ・デマンド）の原理

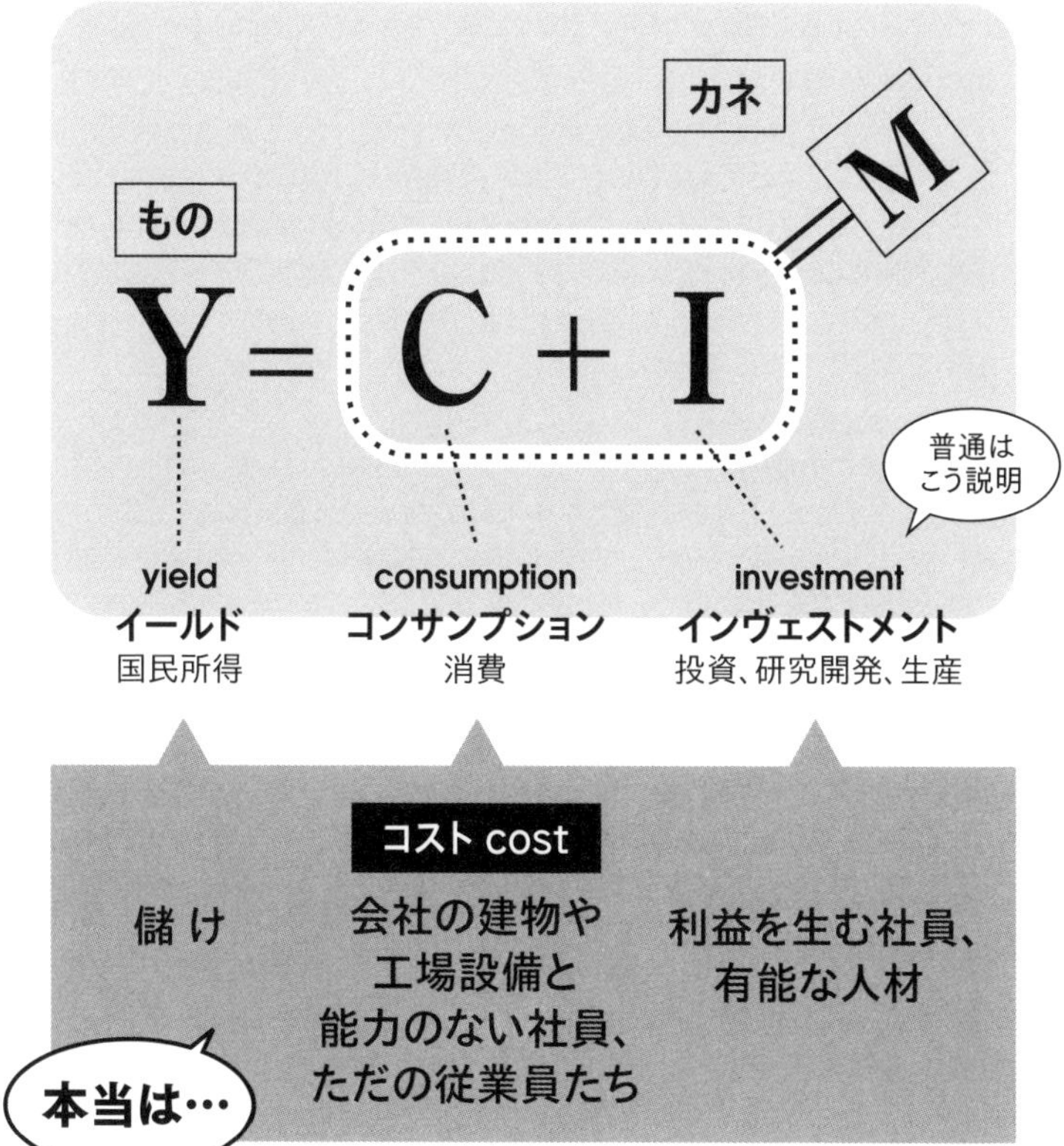

『雇傭・利子および貨幣の一般理論』
J・M・ケインズ著

塩野谷九十九訳／東洋経済新報社／1941年

……いまZを、N人雇傭することから生ずる産出物の総供給価格とするならば、ZとNの関係はZ＝∮(N)と書かれ、それを総供給函数(aggregate supply function)と呼ぶことができる。同様に、Dを企業者がN人の雇傭から受取ることができると期待する売上金額とすれば、DとNの間の関係はD＝f(N)と書かれ、それを総需要関数(aggregate demand function)と呼ぶことができる。(25ページ)

かくして、雇傭量は総需要函数と総供給函数が相交わる点において決定される。なぜなれば、企業者の利潤に対する期待が極大化するのはこの点においてであろうからである。**総需要函数が総供給函数と交わる点におけるDの値を、有効需要(effective demand)と呼ぶことにしよう。**以上は、雇傭の一般理論の要旨をなすものであって、それを解明することがわれわれの目的であるから、後に続く諸章は大部分この函数が依存するいくたの要因の吟味によって占められるであろう。(26ページ)

他方、「供給はそれ自らの需要を創造する」という命題によって従来定言的に表現されるのを常としており、現在もあらゆる正統派経済理論の基礎として存続している古典派の学説は、この二つの函数の間の関係に関する特殊な想定を含んでいる。

なぜなれば、「供給はそれ自体の需要を創造する」ということは、f(N)および∮(N)がNのあらゆる値、すなわち、産出物および雇傭のあらゆる水準にとって相等しく、Nの増加に対応してZ(＝∮(N))の増加する場合には、D(＝f(N))は必然的にZと同じ量だけ増加するということを意味しなければならないからである。

換言すれば、古典派理論は総需要価格(または売上金額)は常に総需要価格に自ら適応させるものと仮定するのである。したがって、Nの値が如何なる場合にも、売上金額DはNに対応する総供給価格Zに等しい値を持つことになる。

すなわち、有効需要は、ひとつの一義的な均衡値をもつ代わりに、そのすべてが一様にゆるされる値の無限の範囲になるのであって、雇傭量は労働の限界不効用が上限を劃するかぎり以外には確定し難いものとなるのである。(26～27ページ)

右辺のC＋Iが、国民需要であり、有効需要（エフェクティブ・デマンド）である。このC＋Iを努力して増やせば、左辺のY（国民生産、国民所得）がそれだけ増えると考える。

ケインズ自身が発見して作った人類への最大の贈り物がY＝C＋Iだ。

ケインズは、Y＝C＋Iの式で、C（消費。本当はコスト）は、所得（総生産）Yの関数《ファンクション》であると考えた。

だからC＝C（Y）という式になる。

このときCは定数《コンスタント》（国や企業や個人の必要出費である経費《コスト》は、1年間にだいたい決まっている）である。

このC《コスト》の中身は、工場や会社の設備、そしてあまり能力のない普通の従業員、即ち労働者たちである。彼らは必要経費であり、会計学でいう固定資産（フィックスト・アセット fixed asset）である。

従って、Cを無視していいので、Y＝Iと考えていい。

これでY＝Mの式につながる。

即ち、I（投資《インヴェストメント》。本当は、intellect インテレクト。知能。知的な人間の集合）は、有能な人間たち、という意味だ。新製品を開発して利益を出せる人々のことだ。国や企業にとって大切な人材だ。研究開発（リサーチ・アンドデベロップメント）の部員だ。

だから本当は、Ｉは Intellect（インテレクト）、知能のことだ。Ｉが決まると、Ｙが決まる。

このＩの部分が利益の増大を生む。後ろで説明する⑤「マルクスの基本定理」のＮに相当して、剰余価値《じょうよかち》（メアヴェルト、Mehrwert。英語ではサープラス・ヴァリュー、surplus value）を生む。

これをケインズ思想の「所得決定の理論」という。

これを後《のち》に、新古典派《ネオ・クラシカル》「総合《シンセンス》」のポール・サムエルソンが悪用して、自分の理論体系の中に嵌《は》め込んだ。

ヒックスからアメリカ経済学の暴走が始まった

ヒックスのI・S＝L・Mとは何か

ケインズは主著である『雇用、利子、貨幣の一般理論』*"The*《ザ》 *General*《ジェネラル》 *Theory*《セオリー》 *of*《オブ》 *Employment*《エンプロイメント》*, Interest*《インタレスト》 *and*《アンド》 *Money*《マネー》*, 1936"*（初版1936年刊）という本を書いた。

この本だけが、経済学にとって唯一、偉大な本である。あとに表われたアメリカ経済学の本たちは、全てこの本からの派生《デリヴァティブ》であり真似本である。

ケインズの『一般理論』が出版された1年後に、ケインズと同じイギリスのロンドン大学の講師だった、当時33歳のジョン・ヒックスが、④のI・S＝L・Mという式を作った。

このI・S＝L・Mの式は、いまでも日本の上級職の公務員試験の「経済学」の中心で王様だ。

I・S＝L・Mが出てくる問題をきちんと理解して解ければ、公務員試験に受かる。それぐらいすごい理論といえば理論だ。何がすごいのか。

「I・S」というのは、財《ざい》市場（グッズ、ものの市場）での均衡モデルを表している。「L・M」というのは、金融市場での均衡モデルである。

それを総合して、複合的な均衡モデルに組み立ててある。ケインズが示した（本書P68の文の中）「総需要関数と総供給関数の交わる点Dの値を有効需要《エフェクティブ・デマンド》と呼ぶことにしよう」をそのまま使ってある。ほんの思い付きで作られたのだ。

Y＝Mの式をヒックスが、自分の思い付きでI・S＝L・Mと書き変えただけの方程式なのだ。この時から理論《りろん》（あるいは数理《すうり》）経済学の暴走が始まった。

ヒックスが勝手に作ったI・S＝L・Mの式を「神の公式」のように崇《あが》めることからアメリカ経済学は始まったと言える。

現在では、この式はものすごく煙たがられており、アメリカの大学の大学院では教えないことになっている。ウソ八百の大理論だったことがバレてしまっているからだ。

今や経済学《エコノミックス》そのものの恥部《ちぶ》である。このヒックスによる何か思わせぶりな精巧な機械《マシーン》のように見せかけたグラフである。部品の組み立てがしっかりしているプラモデルのよう

④ ケインズ本から勝手に作った **ヒックスの方程式**

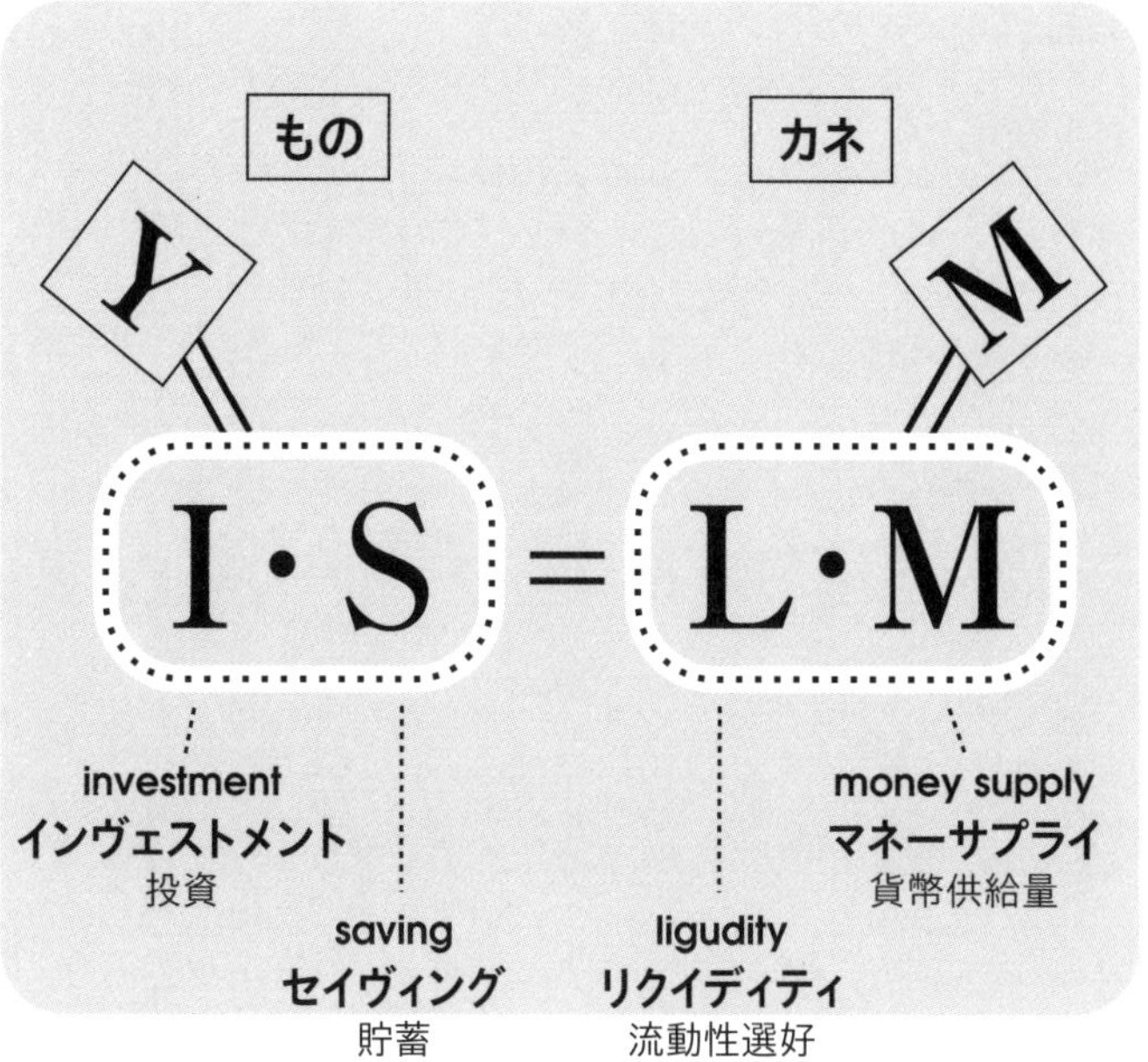

この式の分からなさから、アメリカの理論経済学の暴走が始まった。これは、「お経」だ。

な作りである。これでいったい、何を表してるのか。それが分からないのだ。どうも仏教のお経（経典《きょうてん》）のようなものだ。

アインシュタインの相対性《そうたいせい》理論（1905年）と同じで、当時「これで宇宙の謎が解けた」と大騒ぎになった。あの$E=mC^2$の式と同じだ。「E（エネルギー）は、m（質量《マス》）かけるC（光速度）の2乗である」と読む。この式が何を意味するのか、今もよく分からないのである。

実際には、今も宇宙《スペイス》は分からない。宇宙のことはほんのわずかしか分かっていない。私たちの地球から外側に広がっている、この宇宙（アウター・スペイス）は実在である。この宇宙というのは、一体どこに中心があって、一体どれくらいの大きさなのか今も分からない。

宇宙物理学（アストロ・フィジックス）専用の超《ちょう》難解なインチキ数学を使った論文の山があって、それで宇宙が分かったことにしているらしい。それが「ビッグバン宇宙論」だ。宇宙の始まりのビッグバン（原初の大暴発）なんか有るわけがない。それを数式で解いたとされるスティーブ・ホーキングもとんでもない喰わせ者であった。

ジョン・ヒックスが書いた『ケインズ氏と「古典派」たち解釈の一示唆』という名の記念碑的論文(1937年)

山形浩生 訳

…ある一定の量のお金に対し、最初の方程式 M＝L(I,i) は、所得 I と金利 i の関係を示す。これは右肩上がりの曲線LLで描ける。というのも、所得が増えればお金の需要も増えるし、金利が上がればそれは下がるからだ。さらに次の二つの方程式をまとめて考えると、所得と金利との間に別の関係が得られる(資本の限界効率関係《スケジュール》は、ある金利における投資の値を示し、乗数はその投資額と貯蓄を等しくするのに必要な所得額を教えてくれる)。

だからIS曲線は、投資と貯蓄を等しくするために維持しなければいけない、所得と金利の関係を示すものとして描ける。

これで所得と金利は、同時にPで決まる。これはLL曲線とIS曲線の交点だ。この二つは同時に決まる。ちょうど現代の需要供給理論で、価格と産出量が同時に決まるのと同じだ。(532ページ)

「I・S＝L・M」曲線

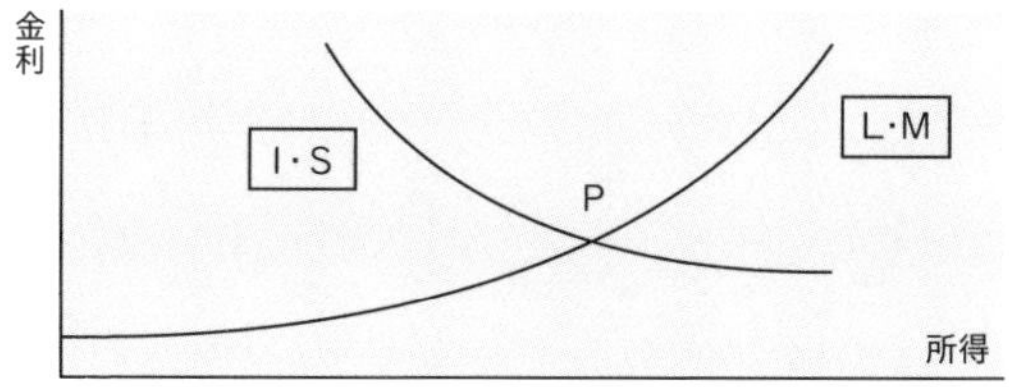

ジョン・メイナード・ケインズ著『雇用、利子、お金の一般理論』の巻末に載せてある

山形浩生 訳／講談社学術文庫／2012年から

このヒックスの1937年論文(33歳のとき)で「I・S＝L・M」曲線が誕生した。経済学が、この時から“お経”となった記念となる重要文章である。

「実物経済」と「お金経済」

ヒックスのこの「I・S曲線」というのは、財《ざい》市場、実物《じつぶつ》経済のことで「L・M曲線」というのは貨幣《マネー》市場、即ち「お金経済」のこと、とされる。

そうすると結局、I・S＝Y（イールド　実物経済）で、L・M＝M（マネー　お金経済）そのものだ（P73参照）。

つまりY（もの）＝M（お金）のことである。このことを複雑な別の数式に書き直しただけのことだ。①のアルフレッド・マーシャルが作ったY＝kpMの式とも同じことだ。

I・Sの関数と、L・Mの関数が、それぞれ前もって出来上がっていて、この2つの関数が複合関数になっている。前のP75にグラフで示すとおり、グラフの真ん中に生まれる交点Pを、均衡点equilibrium エクリブリアムという。本当に、均衡なんか有《あ》るのか？

I＝Sはケインズが嫌った〝セーの法則〟そのもの

ヒックスの式の右辺のL・Mは、ケインズが発見して唱えた流動性選好《せんこう》（L）と、マネ

写真：TopFoto/アフロ

価値と資本 上、下
安井琢磨・熊谷尚夫訳
岩波文庫／1995年刊

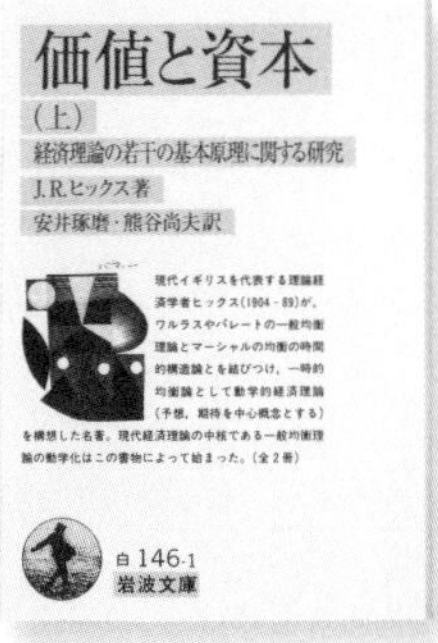

ジョン・リチャード・ヒックス

John Richard Hicks *（1904－1989）*

イギリスの経済学者。オックスフォード大学で学び、ロンドン大学講師（1926－1935）から、マンチェスター大学教授（1938－1946）を経て、オックスフォード大学に戻った（1946）。ケインズの『一般理論』が出るや、すぐにそれを利用して「I・S＝L・M」の数式を作った（1938年、34歳）。ケインズは、「私の理論には均衡はない」と否定した。ヒックスは恥ずかしがってこの数式を引っ込めた。

だが、この数式が、以後ひとり歩きして、世界中で爆発的に使われた。この「I・S＝L・M」を載せた主著『価値と資本』（1939、35歳）によって名声を得た。この著は、それまでの近代経済学諸派を摂取しながら、一般均衡理論の立場からこれを整理し、さらに押し進めた。近代経済学は、ここにおいて一応の締めくくりが与えられ、その限界とともに次の発展の方向が示された。1972年にノーベル経済学賞を受賞。「限界革命」の名付け親でもある。

（『岩波西洋人名事典』から作成、加筆）

ーサプライ（通貨量、M）の積である。大きくは、M（おカネの総量）を表している。このことは分かる。

だが、L（流動性選好《りゅうどうせいせんこう》、リクイディティ・プリファーレンス）なんか、ここにわざわざ持ち出す必要はないのだ。だからL・Mというのは、Lを無視してMだけでいい。

ところが、左辺のI・Sが分からない。I（インヴェストメント。投資額《とうし》）とS（セイヴィング。貯蓄額《ちょちく》）の積とする。このIとSがI＝Sと均衡したときに、財物（もの）の量が決定される、とヒックスは考えた。ところがこのことは何を意味するか。投資額と貯蓄額が一致する（均衡する）ことはない。

たとえば、ここに100億円の資金があった時に、このうち投資Iに60億円回せば、残りの40億円が貯蓄額（S、セイヴィング）ということだ。だからI＝Sにはならない。どうも本当は、投資Iに100億円のとき、貯蓄Sは全て投資に回されたのだ、とヒックスは考えた。

これは、ケインズが一番嫌ったまさしく〝セーの法則〟の復活そのものである。ケインズは「貯蓄は全て必ず投資に回される」という〝セーの法則〟を否定した。

〝セーの法則〟Say's Lawでは、企業家は製品が売れなければ、投資額（I）を減らす。

そして従業員（労働者）の賃金を減らす。そして製品が売れる値段にまで価格を下げる。そうすれば製品（商品）は必ず市場で売れる、というオプティミズムである。「作ったものは必ず売れる」がセーの法則である。

だが、現実の世界では作った商品は残れ残る。ものすごい量で売れ残る。作っても売れない。製品の余剰《よじょう》（サープラス）がたくさん出る。今の世界は、どんな業界もこの売れ残り（過剰在庫《かじょうざいこ》）で満ち溢《あふ》れている。

これが私たちの現代世界である。だからケインズはこの「余剰がどうしても出る」から「セーの法則」をひっくり返したのである。これがケインズ革命だ。ケインズの偉大さだ。最後は、人間（労働者）が余ってしまった。この人間の余剰《サープラス》（失業者）をどうしたらいいか、の深刻な問題になった。

ところがヒックスは、I＝Sで「作ったものは必ず売れる」で均衡（エクリブリアム）するとした。これはセーの法則への逆戻りそのものである。ヒックスはケインズ思想の裏切り者である。

ヒックスはケインズの式を悪用した。そして、ケインズ思想を自分たち新古典派《ネオクラシカル》（全ては均衡する）の罠《わな》の中に嵌《は》めた。

ヒックスのI・S＝L・Mも、大きくはY（もの）＝M（お金）を表しているだけの式だということは分かる。L・MはM（カネ）であり、I・SはY（もの）なのである。

Y（もの）＝M（お金）に合わせて無理やり作った式だ。あとは分かったふりの世界だ。

ここから現代経済学の暴走が始まった。

始まったアメリカ理論経済学のインチキ

ジョン・メイナード・ケインズの『一般理論』（1936年）に書かれた理論が、ジョン・ヒックスの、このたった1行の式で、ケインズ経済学の根本が書き変えられ、変造された。ヒックスは天才が出現した、と周《まわ》りから絶賛された。これがアメリカにすぐに伝わってアメリカ理論経済学のインチキ学問がどんどん始まった。

ケインズは、「私の式は均衡しない」と言った。ここから不《ふ》均衡動学《どうがく》（アンエクリブリアム・ダイナミックス）という、さらに新たなケインズ曲解《きょうかい》学問が出てきた。

ヒックスは、このケインズの発言に恥ずかしがって「いや、これはちょっとまずい」と、自分のこの「I・S＝L・M曲線」を撤回して取り下げた。

このあとケインズは「お前たちは勝手にやってろ」という態度で何も言わなかった。そして1946年（終戦の翌年）には、63歳で死んだ。ヒックスがこういう周囲を煙《けむ》に巻く数式を作ったことで、ヒックス本人が一番、当惑した。

しかし、ヒックスは、後にこれでノーベル経済学賞（1972年）をもらった。この時から〝何を言っているのか分からない〟アメリカ理論経済学の暴走が始まった。

ノーベル経済学賞は、1969年から始まった。スウェーデン王室ではなく、ノルウェーの銀行協会が授賞（賞を授《さず》ける）する形になっている。受賞者は初めのうちはアメリカ人がほとんど独占した。お手盛りのショー（賞）だ。ポール・サムエルソンたちが仕組んで、自分たちで賞のあげっこをした。ノーベル経済学賞は廃止すべきだ、と欧米で言われるようになった。

ケインズの「均衡しない」が新古典派に大打撃を与えた

ヒックスを含めた新古典派《ネオ・クラシカル》たちは、ケインズを自分たち新古典派の理論の枠組みの中に取り込んで檻《おり》（牢屋《ろうや》）の中に閉じ込めた。

ケインズが『一般理論』で投げかけた「どうしても余剰《サープラス》が生まれる。人間が大量に失業、即ち、余りもの《サープラス》になっている。なんとかしなければ」という問いかけは、あまりにも衝撃的《ショック》であった。これで、欧米の経済学界、即ち新古典派は大打撃を受けた。立ち直れないほどの打撃だった。

なぜなら「市場《マーケット》は放っておけば必ず均衡する。それが神の采配《さいはい》だ」というのが、彼らの大前提だったからだ。

これは、近代物理学においてライプニッツが唱えたオプティミズム optimism という思想である。「秩序《オーダー》は必ずある」という思想だ。

このオプティミズムは、私たち日本人が知っている「楽天主義」という意味ではないのだ。オプティアル optinal あるいはオプティマム optimum（最適量、最適条件）という考えで、「ものごとは必ず秩序正しく落ちつく処で定まる。それが神《ゴット》の意思だ」とする考えである。

経済学の新古典派《ネオ・クラシカル》もこれと同じで「必ずものごとは均衡（エクオリブレイト equilibrate）する」と考える。ところがケインズが、ドカーンと「均衡しない」と言ってしまったのである。

これに対して何と、新古典派（大きくは限界効用学派《マージナル・ユーティリティ・スクール》もここに含まれる）は、ケインズと争わないで狡猾《こうかつ》にも自分たちの中に取り込んでしまったのだ。

そしてケインズを自分たちの部品《ぶひん》（コンポーネント）にしてしまった。この事態にケインズは怒ったに決まっている。

しかしケインズは大《だい》天才で大人《おとな》だから彼らのことを相手にしなかった。「勝手にやってろ」という態度だった。

そして１９４６年に63歳で死んだ。ケインズだけが偉大だった。

ニュー・ケインジアンたちがケインズを殺した

ケインズが死んで、アメリカでニュー・ケインジアン（という裏切り者）たちが栄えた。彼らは新古典派「統合《シンセンス》」といって、何を総合《シンセンス》したかと言うと、ケインズを自分たちの愚劣なる（新）古典派の中に総合し、換骨奪胎《かんこつだったい》したのだ。その頭目が後述するポール・サムエルソンだ。

そして、その後継者で愛《まな》弟子のポール・クルーグマンである。

彼ら新古典派は、論文に数式をいっぱい使う。訳《わけ》が分からない。分からないのはお前の頭が悪いからだ、と言う。これはローマン・カトリックの「上級ラテン語を話せない者は神《デヴァイン》について語ってはならない」と全く同じだ（まえがきで前述した）。

新古典派（ニュー・ケインジアンたち）は、「市場機構《マーケット・メカニズム》の調整（アジャストメント）は、瞬間的にしかも費用がかからないで行なわれる」と考える。このことは本書P199で詳述する。

これは、まさしく限界効用学派（マージナル・ユーティリティ・スクール）の創始者のひとりであるレオン・ワルラス（1834―1910年）が発明した、「一般均衡理論《ジェネラル・エクリブリアム》の体系《システム》」である。

限界効用学派は、数学の微分《びぶん》・積分《せきぶん》（解析学《かいせきがく》）を使うことから始まった。これを誉めたたえて限界革命《げんかいかくめい》と言う。彼らは、全て数学の方程式（等価式）で現実の世界を書き表わす。だから、Y＝Mが常に成り立ってもらわないと困るのだ。

彼らは、このドグマ（教条）の上に、自分たちの「一般均衡の体系」（必ず大きく均衡する。価格を必ず決まる）を作っている。

ケインズはこの体系に打撃を与えたのだ。ところがポール・サムエルソンが彼の『経済学第7版』（1967年刊）で、新古典派総合《シンセンス》を言ってケインズを自分たち、体制派、秩序派の中に取り込んだ。

自分たちと合致するはずのない考えを自分たちの考えの中に混ぜ込んで融合させた。これは学問犯罪と呼ばれるべき詐欺行為である。だから1980年代に『誰がケインズを殺したか』（W・カール・ビブン著 斉藤精一郎訳 日本経済新聞社 日本語訳は1990年刊）という内部告発の本が出るようになった。私はこれらの本を読んでいる。

それでもいったい、アメリカ経済学界で本当は何が起きていたのか、何十年も分からなかった。それが、ニューヨークを2008年のリーマン・ショックの金融大爆発が襲ったときに全てが明らかとなった。

ヒックス、サムエルソン、クルーグマンたち新古典派《ネオ・クラシカル》は、もはや立ち直れない致命傷を負った。彼らが作ってきたものがインチキ学問であることが満天下に明らかとなった。彼らの学問は破産した。

インチキ学問に成り果てた経済学

確率と統計で辻褄合わせをする経済学者たち

このようにしてヒックスの「I・S＝L・M曲線」からアメリカ経済学は、意味不明の学問になった。自分たちが考えている世界を、どうにでも好きなように数式で表せる、ということになった。

そして、それらの高級そうに見える数式だらけの理論を振り回すことで、世界を管理できると考えた。

このことは、再度書くが、現代物理学（とりわけ宇宙物理学《アストロ・フィジックス》）が訳の分からない学問になり涯《は》てていることとそっくり（相似《そうじ》、アイソモルフィック）である。数式が独り歩きをしている。数学的に（数学によって）証明されたのだから、ビッグバン宇宙論は正しい、となった。

ところが、天文学者《アストロノマー》たち（彼らは正直だ）による観測（オブザベートリー）と実験（エクスペリメント）では、ちっともその証拠は出ていないという。現代物理学は、1940年代に原爆（核兵器）を作ったあとは、いくらも進歩していないらしい。シュレジンガー（波動《はどう》方程式）とハイゼンベルク（不確定性《ふかくてい》原理）がぶつかって大激論が有《あ》っただけだ。どうやらシュレジンガーの勝ちらしい。

今の経済学者たちは、きわめて難解な数式の山で書き表すことによって現実の世界が解明された、と自分たちだけでホメっこし合っている。

「私たちの高級数式の束を使えば、国家政策も世界経済もうまく誘導できて、管理できる」と押し売りをして回った。今の宇宙物理学と全く同じである。彼らは、自分の経済学論文を正当化するために、自分が作った数式の係数と変数をいじくり回す。

どうもうまく行かない、つまり現実と合わないときには、確率《プロバビリティ》と統計学《スタティスティックス》の公式をいいように使ってそこに、自分の都合のいい実測データの数字を入れる。そして予め《あらかじ》決めた自分の結論に、無理やり合わせるために、また別の数式を使う。

この統計学をやたらと使う経済学の一派を、計量《けいりょう》経済学（エコノメトリックス Econometrics）と言《い》う。

そして数学《マセマティックス》という学問のインチキ部門、闇《やみ》の部分が統計学と確率論だ。例の、今や悪名高い金融工学（ファイナンシャル・エンジニアリング）というのは、確率微分方程式《かくりつびぶんほうていしき》でできている。

これがついに大爆発したのが、2008年のリーマン・ショックである。金儲《かねもう》けのために金融博奕屋《ばくちや》（ヘッジファンドやファンド・マネジャーたち）が、使っている確率微分方程式（金融工学）と、マネタリスト、就中《なかんずく》、合理的期待形成学派《ごうりてききたいけいせいがくは》（ラチオナル・エクスペクテイショニスト、代表ロバート・ルーカス）のインチキ学問が使っている数式は全く同じものである。

どちらもリーマン・ショックの時、大爆発して壊れてしまった。本当の大きな現実《リアリティ》から復讐されたのだ。

主流派の経済学者たち（新古典派、ニュー・ケインジアン）はこういうことを当たり前のこととして、長年、平気でやってきた。そして、大破産した。インチキが満天下にバレてしまった。

物理学者たちも自分に都合のいいように、現象に向かって自分勝手に数式を組み立ててモデルにしてきた。このことも最近は世の中に、バレてきている。

それでも私が「未《いま》だにケインズだけは偉大だ」と言うのは、ケインズは、「現実がイークオールの式で成り立つわけがないじゃないか」と言ったからだ。そして、もうひとつ、「失業（余剰《サープラス》）を何とかしなければいけない」と言ったからだ。

ケインズは、自分の先生であったマーシャルに対しても、「M＝kpY なんて、あなたが作っただけのことだ」という態度だった。

難解な数式を使った途端に、南無《なむ》妙法蓮華経《みょうほうれんげきょう》や南無阿弥陀仏《なむあみだぶつ》みたいに、宗教になってしまう。それを真理《トルース》だと思う人だけが思う。もちろん真理であるわけがない。昔はそうだったかもしれないが。

ところが、それらを額面どおり、頭のてっぺんから信じ込まないと、大学の経済学部卒ということにならない。

経済学は、同時代に発達した物理学のもの真似をして、まるで物質《マター》の世界を扱うように、人間世界をモデル（model）にして、理念型（idealtypes イデアルチュープス）にしてそれを数式で表した。

マーシャルの Y＝kpM（1890年）も、同時代のアインシュタインの W＝hV（「エネルギー量子は粒子であり波動の振動数を持つ」の式）を真似したものかもしれない。

ケインズの公式の裏側の秘密

ここからY＝C＋Iの謎解きをする。ケインズが作ったY＝C＋Iが、本当は何を意味しているか。このことを今の私たちは考えなくてはいけない。

普通の知識としては、生産（Y 国民生産）は、C＋I（国民需要＝有効需要）で、消費（C コンサンプション consumption ）と、投資（I インヴェストメント investment ）でできている、とする。

だが、私、副島隆彦は、この偉大な式の裏側に隠されている大きな秘密を、3年前に解き明かした。これから驚くべき真実を暴き立ててご覧にいれよう。前のほう（P67の表中）で少しだけ書いた。

Y＝C＋IのCは、本当はコスト（cost 費用、経費）のことだ。コストとは、工場や機械設備及びそれを維持するための電気代、水道代、家賃（レント）などのメンテナンス、経費だ。

そしてこれに加えてそこで働いている事務員や従業員、労働者の給料までを含める。それがコストだ。あとで出てくるマルクス経済学では、工場や設備を生産手段（プロダクツ

仕事のできない社員は不変《ふへん》資産（モノ扱い）であり固定費《コスト》扱いであるべきだ

	会社にとっては 設備（機械）や備品と 同じような従業員 は	会社にとっての 価値の増殖（儲け）を もたらす有能な社員 は
マルクスの『資本論』では	不変資本 Konstantes《コンスタンテス》 Kapital《カピタール》 である	可変資本 Variables《ヴァリアーブレス》 Kapital《カピタール》 である
会計学では	固定資産 （Fixed Capital《フィックスド キャピタル》） という 固定費、必要経費	流動資産 （Circulating Capital《サーキュレイティング キャピタル》） という R&D（研究開発費）
	ケインズのY=C+I式における	
	これがC	これがI

© T. Soejima

イオーンミッテル）と言い、単純労働（不変《ふへん》資本）は、これに吸収されると考える。

　そしてY＝C＋Iの、Iは投資というが、株を買うとかの意味ではない。IはR＆D《アールアンドディ》（リサーチ・アンド・ディベロプメント Research & Development）研究開発費のことだ。と普通の経済学でも説明する。

　ところが、Y＝C＋IのIの裏側の真実の意味は、Iというのは、能力のある有能な社員という意味だ。Iの真実は、インテレクト Intellect（知能。知的人間の集合体。新《しん》技術）である。

　だからIは、有能な社員たちであり、企業価値を増殖させ、利益を会社（企業）にもたらす人間たちのことだ。研究開発部門の社員たちだ。それに対してC（コスト）は、有能ではない、ただの社員、従業員たちだ。

　あなたはCですか、Iですか。自分で考えなさい。これがケインズ思想の恐るべき真実だ。この秘密を一流経済学者たちは、皆、知っている。だが、あまりに露骨であり、人間差別や能力差別であるから、はっきりとは言わないだけだ。

　それでは、Y＝C＋Iの、Yとは何か。これは会社の儲《もう》けのことであり、政治権力者や支配者と経営者（資本家）がここにいるのである。本当の本物の経済学というのは、このように残酷で冷酷なものなのだ。

このC（費用《コスト》）のことを会計学《アカウンティング》では、固定資産あるいは固定費と言う。マルクス経済学（リカードゥの理論をそのまま真似して使った）では、Cは不変《ふへん》資本（コンスタント・キャピタル Constant Capital）と言う。ここで途端《とたん》に難しいコトバになる。だが、本当は分かりやすくて、この不変資本とは固定費（必要経費）である（P91の表）。

これと同じように、会計学の流動《りゅうどう》資産が、マルクスでは可変《かへん》資本（ヴァリアブル・キャピタル variable capital）である。これがケインズのY＝C＋IのI（研究開発費）である。即ち、利益を生む有能な社員たちである。このIだけが、本当は、剰余（余剰）価値《サープラス・ヴァリュー》＝利益（利潤）を生むのである。

だが、このことは、マルクス『資本論』を勉強した左翼やリベラル派の知識人の間では、長年、巨大なタブーとなっていて、公然と言ってはならないことになっている。「全ての労働（者）が剰余価値を生み出す」ことになっている。そうしないとマズいのだ。

ここにマルクス経済学の最大の秘密がある。こうなったら私はこの真実を暴き立てる。さらに後述する。

ケインズにマルクスを合体させた理論で中国は大成功

ケインズ理論だけがまだ生きている

この100年間のアメリカとヨーロッパの経済学者で、優れていたのはケインズだ。ケインズだけが天才だった。それ以外は……駄目だった。

この考えは、最近、日本の経済学者たちの間でもブツブツと言われるようになった。ケインズだけが天才で、あとは要《い》らない。余計だった。今のアメリカ経済学者、即ち新古典派《しんこてんは》なんか、消えてなくなっていい。

マクロ経済学とは、「国家を経営する経済学」のことだ。大風呂敷《おおぶろしき》と大《だい》ドンブリ理論を振りかざして、大きく大きく国家の経営を考えることだ。これをケインズが始めた。ケインズだけがマクロ経済学だ。他にはいない。

それに対してミクロ経済学とは、「企業の経営をするための経済学」だ。今はみんなミクロと会計学に逃げて経済学者として、生き残ろうとしている。マクロ経済学は死んだらしい。新古典派が大破産したので。ミクロの話はこの本ではしない。

「マクロ」という言葉自体がもう使われなくなっている。今は、公共経済学《パブリック・エコノミクス》というらしい（笑）。アメリカがそうなっているので、日本もコソコソとそれに追随する。

しかしケインズ卿《きょう》（英国王が貴族男爵《バロン》にしたので卿《サー》ケインズだ）は、1946年に死んだ。このあとは、ケインズ・レベルの大天才の処方箋、方策、政策はなくなった。

人類はこのあとどうしていいのか、わからなくなっている。ケインズの再来ほどの人物が現れて、私たちを導くしかない。

もうマネタリスト（アーヴィング・フィッシャーが元祖で、ミルトン・フリードマンがワルの親分）も、新《しん》古典派総合《そうごう》（ジョン・ヒックスとポール・サムエルソン）も、この2種類とも滅んでしまって、残党たちがうごめいている。

何度でも書くが新古典派総合（ネオ・クラシカル・シンセシス）の別名が、ニュー・ケインジアンである。彼らが大破産した。ポール・サムエルソンの後継《あとつ》ぎがポール・クルーグマンだ。この男の大失敗の白状（告白）の中心部分が、本書の第4章である。

マルクス理論とケインズ理論に置きかえた2人の経済学者

マルクスの『資本論《ガス・カピタール》』を、ケインズの、④のY＝C＋Iに置き換えたのが、日本人の置塩信雄《おきしおのぶお》（1927―2003年）と森嶋通夫《もりしまみちお》（1923―2004年）だ。それが、⑤のX＝C＋Nである。これを「マルクスの基本定理」と言う。

P97の図表にあるとおり、元々あったケインズのY＝C＋I（『一般理論』）の式に向かって、置塩信雄神戸大学名誉教授と森嶋通夫が、1960年代に、トンカントンカンと、ケインズ・モデルに向かって、マルクスの『資本論』そっくりのお人形の式を作って、べったりと嵌《は》め込んだ。

このとき作られたのが、X＝C＋Nという式だ。置塩信雄が、「X（商品の価値）＝C（生産財）＋N（剰余価値）」を原作した。それを森嶋通夫が『マルクスの経済学』“*Marx's economics, 1973*”（マークシーズ・エコノミックス）という英文の本にして、世界に向けて（即ち欧米の経済学者たちに）ドカーンと発表した。これがすごいことだった。

置塩の式、X＝C＋Nは、ケインズのY＝C＋Iと全く同じだ。記号を変えて移し換え

⑤ ケインズの式に向かってマルクスの『資本論』を移し替えた

X=C+N を Y=C+I に合わせて当てはめた

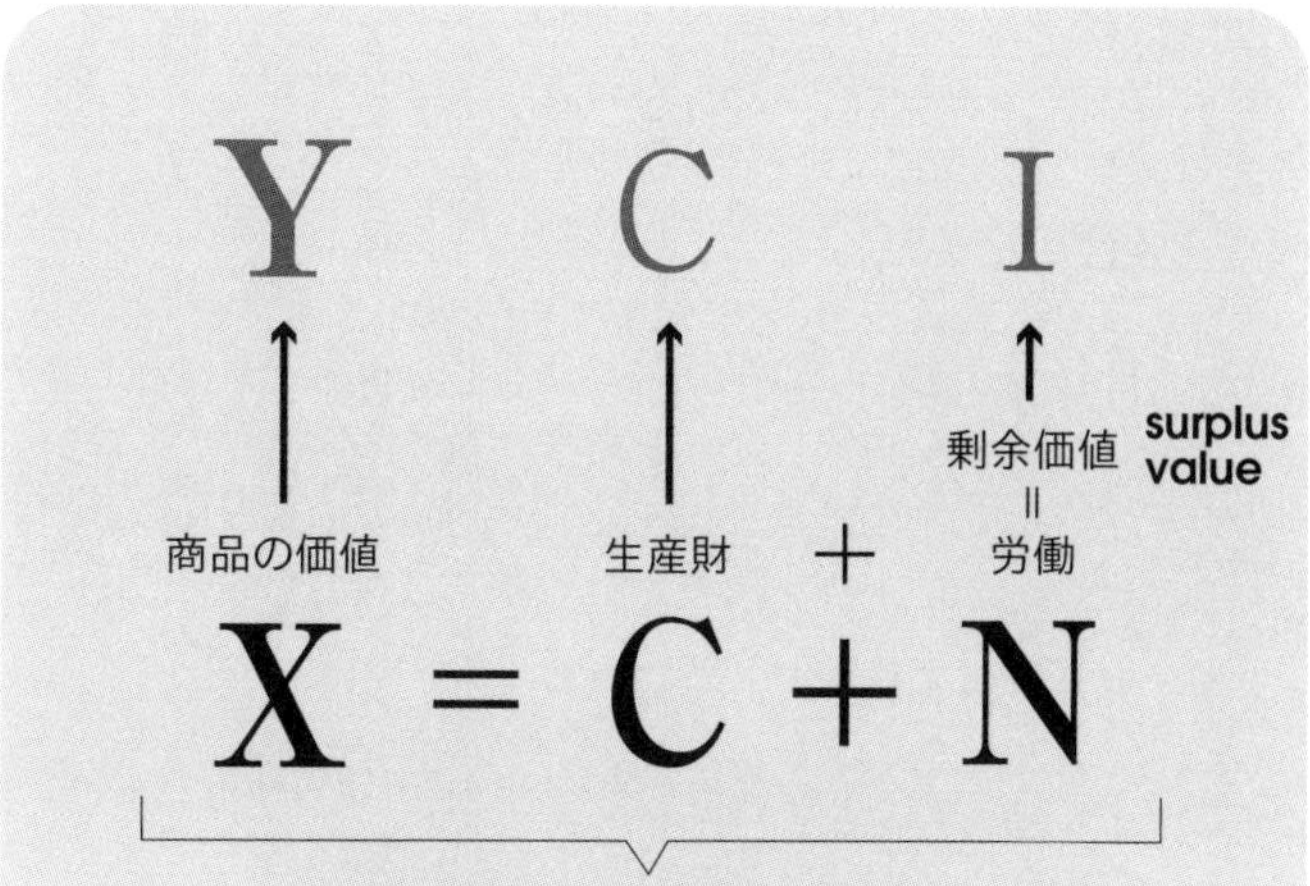

『資本論』の骨格である

⑤マルクスの基本定理

この巨大兵器を教えられてハッと気づいて腹の底から分かった中国（人たち）がこの30年で巨大な成長をした。

たものだ。

再度、わかりやすく噛《か》み砕くと、Y＝X（会社の儲け）で、C＝C（工場や設備と、労働者の経費）＋I＝N（有能な労働者が生み出す剰余《じょうよ》価値）のことだ。

だから、マルクス経済学における、労働者の労働に対する資本家による搾取率《さくしゅ》（エクスプロイテイション・レイト exploitation rate）、即ち剰余価値率《じょうよかちりつ》は、資本主義の経済学では、利益率（プロフィット・レイト profit rate）のことだ。これは実は同じことだ。

これがX＝C＋NのNだ。

置塩信雄と森嶋通夫はこのことを発見した。そこでケインズの式に合わせて、マルクスの『資本論』の骨格を近経《きんけい》（近代経済学、ブルジョワ経済学）の枠組みにピッタリ合うように式を作った。それがX＝C＋Nだ。

この業績で、森嶋道夫はノーベル経済学賞をもらうべきだった。ところが、欧米白人たちにはアジア人への人種差別（レイシズム）が有った。それとマルクスの社会主義思想（貧乏人を救済する思想）が大嫌いだから、彼に賞をあげなかった。非常に残念なことだった。

ところが、なんと1980年代に入って、アメリカに留学した中国人（の大秀才たち）は、森嶋の本を読んだ。この本から学んで、「そうか。搾取率（剰余価値率）は、利益率と

マルクス経済学
筑摩書房／1977年刊

置塩 信雄

Nobuo Okisio （*1927－2003*）

神戸大学名誉教授。1950年、神戸経済大卒。マルクス経済学、近代経済学の双方に秀でた理論経済学者として国際的に名高い。マルクス価値論の厳密な数学的定式化を行なった。そしてマルクスの価値決定方程式、利潤存在が余剰労働に基づくことを論証した「マルクスの基本定理」を作った。

技術変化と利潤率についての「置塩の定理」は、戦後の世界的な数理的マルクス経済学発展の出発点となった。また、ケインズ理論とその動学版である「ハロッドの不完全性論」を発展させ、「ハロッド・置塩型投資関数」を提出し、体系としての資本蓄積と景気循環の理論を展開した。

（『現代日本 朝日人物事典』から作成、加筆）

一緒だったのだ」と気づいて、ひえーと死ぬほど驚いた。このときから今の中国の、巨大な成長が始まったのだ。このとき中国人は、経済成長のOS《オウエス》（オペレイティング・システム）を手に入れたのだ。

搾取率とは利益率のことである

繰り返すが、ケインズのY＝C＋Iという、偉大なる人間世界を解読した式に向かって、マルクス『資本論』の神髄を、X＝C＋Nという式で、日本人学者が嵌《は》め込んで行った。この時に、ケインズ思想（有効需要の原理）とマルクス思想が合体して、大きな真実が明らかになった。これこそが人間世界（人類史）を貫く法則《ラー》であった。このことはもの凄いことなのだ。

P97の図表の2つの式を、さらにじっくりと見てほしい。

そうすると、この2つはアルフレッド・マーシャルの①の「Y＝M」の型の式になっていない。Yだけしか一致していない。M（マネー、お金）の方がない。だがM（お金）の辺は、C＋Iになっているが、ここにM（マネーの総量）が裏側に隠れているのだ。

森嶋道夫著作集7
マルクスの経済学
岩波書店／2004年刊

森嶋 道夫

Michio Morishima *(1923－2004)*

大阪で生まれ、神戸で育つ。戦時中は、陸軍の通信隊で暗号解読班の将校。1946年、京都大学経済学部卒業。戦後、日本の経済学を国際的水準に引き上げることに貢献した。1951年、大阪大学法経学部助教授（28歳）。1956年から、オックスフォード大学のヒックス教授のもとで研究し、1958年に帰国（35歳）。1963年に大阪大学社研教授（40歳）。安井琢磨《たくま》と2人で、日本の近代経済学を始めた。残りはすべてマル経だった。

1970年にＬＳＥ《エルエスイー》（ロンドン・スクール・オブ・エコノミクス）教授。『マルクスの経済学』'*Marx' s Economics*'（英文1973刊、日本文1974刊）。1989年、ＬＳＥを停年退官（67歳）。中国にもたびたび教えに行った。マルクスの『資本論』を数式で表して、理論経済学の枠組みに置き換えた。ワルラス、リカードゥ経済学に対しても定説とは異なる解釈を提示した。

（『現代日本 朝日人物事典』から作成、加筆）

P69で前述したが、「CはYの関数である」と考えると、C＝C（Y）となり、Cは定数《コンスタント》になって、1年間の必要経費（出費）であるから金額が決まる。そうすると残りはY＝I（投資《インヴェストメント》の総額）だが、本当は、このIは、インテレクト、知能、知財《ちざい》、新《しん》技術であるから、ここで「新しい価値が生まれる」となるのである。

これがマルクスの言った可変《かへん》資本（あるいは流動資本。会計学では流動資産《りゅうどうしさん》）である。ここだけが価値の増殖《ぞうしょく》を生む。即ち、剰余《サープラス・ヴァリュー》（余剰）価値を生む。つまり国や企業に利益をもたらす。この基本的な考えで本当の本物の経済学はできている。

Cの「消費」とは、何度でも書くが、「費用《コスト》」のことだ。従業員あるいは国民が「喰わせてくれ。喰わせてくれ」、「給料（賃金）をくれ。給料をくれ」と要求している姿のことだ。この「消費」の別名（変わり身の姿）が需要《デマンド》なのだ。消費とは国民の需要のことだ、分かるかなぁ。

ここが分かれば、ケインズとマルクスの両方の本物の政治経済学（ポリティカル・オエコノミー）が分かる。

Y＝C＋IのI（投資、研究開発費、有能な社員）は供給《サプライ》である。企業であれば、商品

（製品）を作って売り出すことだ。だから「需要（C）＋供給（I）」で合わせて＝Y（会社の儲け、国のGDP）である。「CとIは、それぞれ需要関数と供給関数を持つ」と、ケインズ自身が書いている。

GDP（国内総生産）の生産は、そのまま同金額の消費となる。ものとサーヴィスが売れた分の合計である。まさしく需要だ。ふつうの人々は、稼いだ分は全部使う。毎月の給料（賃金）はほとんど残らない。だからY＝C＋Iの、C＋Iの辺は、そのまま、＝Mである。

だからY＝Mが裏に隠れていると考えるのである。

重要なのは、Y（生産）を増やすことだ。今度は逆から考えてYが増えれば、その分だけM（お金の量、売り上げ）も増える。これの真似をして作った　X＝C＋Nも、その裏側にY＝Mが隠れている。

森嶋道夫と青木昌彦《まさひこ》（1938―2015年。スタンフォード大学名誉教授）が、80年代、90年代に中国に頻繁《ひんぱん》に行って、「あなたたちもこれが分かれば大《だい》発展して豊かな国になれる」と教えて励ました。この時から世界が変わった。私は、このことを『今の巨大中国は日本（の経済学者）が作った』（ビジネス社　2018年刊）に書いて出した。

労働者の賃金は製造原価に含まれている

資本主義《カピタリズム》は泥棒と一緒だ。100円で仕入れて130円で売る。これで30円の利益が出る。この利益は詐欺か、泥棒に決まっている。

資本主義は商（売）人の行動を基《もと》にしている。誰でも分かることだ。本当は20円で仕入れて、100円で売っている。粗利《あらり》は5倍だ。ただし、ここには流通の問題があって卸売《おろしうり》や運送の中間業者が入るので、簡単には分からない。この泥棒を認めないと資本主義社会は成り立たない。

だから労働者に対する資本家《カピタリスト》（経営者）による搾取exploitation《エクスプロイテイション》というのは、そのまま存在する。経営者による従業員からのピン撥《は》ねである。

人材紹介業（転職斡旋《あっせん》業）は、その最も悪質なものであり、その本質は奴隷売買である。奴隷や売春婦を周旋《しゅうせん》する業者である。本当は、労働基本法違反である。それをアメリカの圧力で、人材派遣業までOK（合法）にしてしまった。竹中平蔵たちがやった。かつては女衒《ぜげん》と言った。奴隷売買はユダヤ商人、イスラム商人、華僑、それからプロテスタント商人も、これをやった。

だからといって、労働者（従業員）が騒ぎ出して、「搾取された分を自分たちに返せ（払え）」と資本家（経営者）に要求しても、世の中では、どうせ通用しない。みんな分かっていることだ。この辺の理屈は大変なのだ。いちいち説明しだすと、みんなに迷惑だ。だから私はこれ以上はやめる。

それよりも、マルクス経済学を、資本主義経済学（ケインズ思想）と、そっくりに作り直して、べったりくっ付けたほうが、みんなが分かって助かる。だからP97の2つの式は同じものなのだ。

そして資本家的生産過程（カピタリスティッシェ・プロドクツイオーンス・プロセッ）のところでしか、労働者はお金（賃金）を分配してもらえない。労働分配率というのは、そういうものだ。「会社の儲けの2割を従業員によこせ」とか、そういうことは言えない。賃金（給料）は最初の、製造原価（コスト）に含まれている。そこからの分配しかない。

カール・マルクスの『資本論』は、①資本の生成（生産）過程、②資本の流通《りゅうつう》過程、そして、③「資本家《か》的生産の総過程（アルゲマイン・プロセッ）」の3つから成っている。

②の流通過程は商品《ヴァーレ》が売れてお金《ゲルト》（貨幣）に変わり（変態《へんたい》。メタモルフォーシスという。

毛虫がさなぎになり蝶《ちょう》になることである）、そして再投資されて、再び商品に変わることである。ここで利潤（利益）が生まれる。これの源泉（源《みなもと》）は人間の労働《ワーク》である、と考える。労働《ワーク》は肉体労働（レイバー）以外に、知能労働、頭脳労働（経営の才能を含む）がある。労働《ワーク》から利益＝剰余価値《サープラス・ヴァリー》が生まれると考えるのが、労働価値説である。これと対立し、争うのが限界効用学説（今の新古典派）である。

資本（最終の利益）をどう処分するか。これは、③の資本家的生産の総過程（ジェネラル・プロセス）でやる。地主と銀行と企業、この3者で利益を分け合う。このことをマルクスが、リカードゥから学んで書いた。それが『資本論』の基本骨格だ。

だから労働者は、③の利益の分配に入れない。①の生産過程のところにしかいない。搾取率（余剰価値率）と利益率は等しい。このことを、青木昌彦が、中国人の指導者たちにも教えた。そうしたら、彼らは「わかった。ああ、そうか。そういうことか。搾取率と利益率は等しいのか」と理解した。

中国人の秀才たちには死ぬほど『資本論』を勉強させられてきた。それこそ全巻丸暗記するほど知っている。だからこのことを『資本論』の用語系（ターミノロジー）に合うように説明されたら、サッと分かった。近経《きんけい》と、マル経《けい》の両方が分かる日本人経済学者が、この両方を繋《つな》いで翻訳してあげたのだ。これで中国人がハッと目覚めた。

中国に巨大な成長が起きた理由

今の中国の、びっくりを通り越す激しい成長に、日本の反共《はんきょう》右翼や反《はん》中国主義者たちは青ざめて、どうしていいか分からなくなっている。それぐらいの巨大成長を中国はこの40年で成し遂げた。やがてアメリカ帝国を打ち倒して、中国が世界覇権国《ヘジエモニック・ステイト》になるだろう。その道筋（道程《どうてい》）はもう見えてきた。

ケインズ思想の経済成長の根本のOS《オウエス》のエンジン（原動機）を、マルクス経済学と共通化し合体させた森嶋通夫と置塩信雄が偉かった。

これはきれいごとではない。世の中には、普通のバカ（C）とお利口《りこう》さん（I）がいる。大勢のバカ（C《シー》。会社で命令され、言われたことしかしない。だから費用《コスト》）と、自分の能力を発揮して、どんどん新しい商品を開発したり、契約をたくさん取ってきて、会社《カンパニー》（企業《エンタープライズ》と経済学ではいう）に利益をもたらす少数の人たち（これがI《アイ》）がいる。

このI（知能）のお利口さん（有能な人間たち）の能力を伸ばせば企業は成長する。その国は豊かになる。このことに気づいたから、中国にドカーンと巨大な成長が起きたのである。これが「中国の特色のある社会主義」だ。市場経済《マーケット・エコノミー》を導入した、という言葉は使う。だが資本主義という言葉だけは使わない。

鄧小平《とうしょうへい》（1904―1997年）という指導者がとにかく偉かった。毛沢東派に3度殺されかかったが、なんとか生き延びて、中国を豊かにした。そして権力者に復帰して1979年12月18日（41年前）に、「改革開放」の大号令をかけた。「もう中国は貧乏はやめた。みんなで豊かになるのだ。マルクスの平等思想ばかり信じ込んでいたから、私たちはこんなに極貧《ごくひん》になってしまった。バカだった。これからは指導者層と優秀な若者たちは資本主義経済学（ブルジョワ経済学）をしっかり学んで、彼らからその神髄《しんずい》を習得して中国式の社会主義《ソシアリズム》を作る。私たちは豊かになる」と宣言した。

この時から41年がたった。鄧小平は、自分が死ぬ（92歳）4年前の1993年に、まだ40歳だった習近平《しゅうきんぺい》を呼びつけた。そして「お前を次の次の指導者にする。しっかり勉強せよ。お前は私の政敵たちが育てた人材だ。私の子分である善人《ぜんにん》たちではいざという時に、反乱鎮圧や戦争ができない。お前ならそれができる。だからお前を次の次の指導者にする」と決めたのである。こうして今の隆盛《りゅうせい》する中国がある。

トマ・ピケティの法則もM＞《大なり》Yなのである

ピケティの本はなぜベストセラーになったのか

2013年（フランス語版）に、大評判を取って世界的にベストセラーとなったトマ（ス）・ピケティ（Thomas Piketty 1971年生、49歳）の『21世紀の資本（論）』という本がある。英語版は2014年、日本語版は2015年に刊行（河出書房新社　山形浩生訳）された。

ピケティという若いフランス人が出てきて、人類にとっての資本とか資産の問題で、ズバリと大きな本当のことを言う運動が出てきた。さすがフランス人という感じだ。

その大きな誘因は、2008年のリーマン爆発《ショック》のときに、アメリカ中心でやってきたインチキ経済学の真実がバレてしまったからだ。ニューヨークの金融財界人たちが、「お金で、お金を儲《もう》けます」とか「金持ちは、もっと金持ちになります」と実に露骨な強欲思想《グリード》の経済（学）理論ばかりを作ってきたことへの大きな反撃と逆流が起きたのだ。

フランス人のピケティは、若い時ロンドンのＬＳＥ《エルエスイ》で経済学を学んだ。このＬＳＥ（ロンドン・スクール・オブ・エコノミクス）は、ヨーロッパ全体の左翼（あるいは急進リベラル派という）の知識人の結集軸である。

ここで学んだということはピケティは左翼《レフト》（フランス語ではゴーシュ。あるいはゴーシストと言う）である。ＬＳＥには、前述した森嶋通夫（Ｐ１０１）がずっと教授でいた。

ピケティは森嶋からは直接習っていない。しかし森嶋がＬＳＥに残した唯一の弟子であるクリストファー・ピサリデス（１９４８年生、今72歳）から習った。だからピケティは森嶋理論をよく分かっている。ピサリデスは２０１０年のノーベル経済学賞を受賞した。キプロス出身のギリシア人である。今では、ノーベル経済学賞をこういう発展途上国（後進国）の学者たちにポンポン出すようになった。

１９９０年代からクレジット・デリバティブ（金融派生商品）を作《つく》った金融工学（ファイナンシャル・エンジニアリング）の強欲の経済学が欧米で大流行して繁盛した。そして、ついに、２００８年のリーマン・ショックで、ニューヨークの金融財界人たちは、自分たちがウソで固めて押さえ付けてきた現実が露出して再び大爆発しかかっている。

21世紀の資本
山形浩生・守岡桜・森本正史訳
みすず書房／日本語版 2014年刊

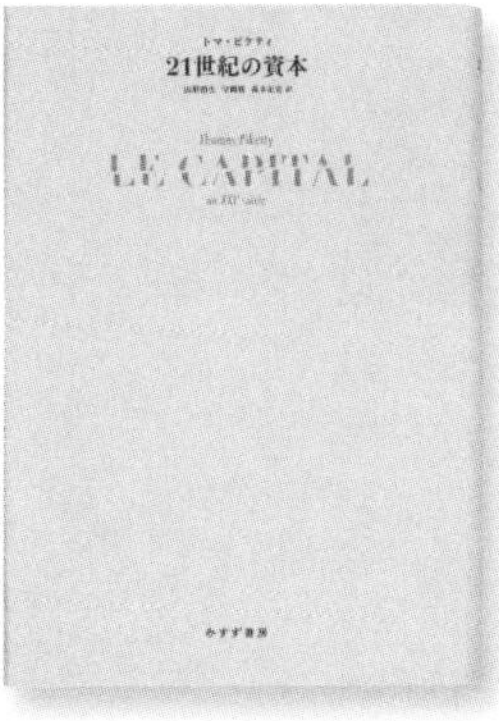

写真：Getty Images

トマ・ピケティ

Tomas Piketty *（1971－ ）*

自分たちで創立した新しいパリ経済学校の経済学教授・社会科学高等研究院（EHESS）の経済学教授。パリ郊外の労働者階級の家庭に生まれる。1990年、チャウシェスク政権崩壊後のルーマニアを訪問。1991年、崩壊直前の旧ソ連を訪問（19歳）。LSE（ロンドン・スクール・オブ・エコノミクス）大学院を卒業。LSEというロンドンにある大学院大学は、ヨーロッパ左翼知識人の結集軸（牙城、巣窟とも言う）である。

1993～1995年、マサチューセッツ工科大学経済学部助教授。2000年、フランス社会科学高等研究院教授（28歳）。2005年、パリ経済学校を設立して、初代校長に就任。2007年、教授に。2013年、300年にわたる租税資料を15年かけて分析した労作『21世紀の資本』'Le Capital au XXIe s' の仏語版を出版。2014年、同書の英語版を米国などで出版（42歳）。日本語版も出版され、世界で160万部を超えるベストセラーとなった。

（『現代外国人名鑑』から作成、加筆）

この現実に合わせて、ピケティみたいな人が出てきた。もう一回、カール・マルクスの『資本論』に戻ろうという動きである。この本のフランス語原題は*"Le Capital au XXIe siècle"*（ル・カピタール・オ・ヴァンティアン・シエクル）で『21世紀の資本論』である。英語ならば、*"Capital in the Twenty-First Century"*（キャピタル・イン・ザ・トゥエンティ・ファースト・センチュリー）である。マルクスの『資本論』のドイツ語原題は、Das Kapital「ダス・カピタール」だ。どうして『21世紀の資本論』としなかったのだろう？

マルクスは、資本なるものの動き。即ち、様々に変態（メタモルフォーシズ）するのが資本だという大命題《だいめいだい》を立てて、人類という生物が背負っている法則性を冷酷に描写し解明した。

資本《キャピタル》とは何か？　ピケティは、自著で「資本とは、財産または富《とみ》のことである」（日本語版P50）と書いている。すばらしい定義（デフィニション）である。馬鹿みたいに簡単明瞭でいい。

マルクスの『資本論』から146年後に書かれた本だ。ドイツ人のマルクス（30歳でロンドンに亡命して64歳で死んだ）に遠慮することなく、実に堂々と資本について論じている。先人のサン・シモン、オーギュスト・コント、プルードン（マルクスより先駆者のフランス人）のフランスの伝統の上に乗っている。

ここで、私、副島隆彦も資本について書く。資本は、お金《かね》であり、それが変身した商品であり、工場設備（生産財）も資本である。株式《ストック》や債券《ボンド》や定期預金の蓄財そのものも資本だ。そして、ここからが大事だが、労働も資本の変身（変態）した一種なのだ。だから、肉体労働者や売春婦（娼夫）が、「私は体だけが資本よ」と言うときの、本当に、労働そのものも資本なのである。このことが分かると、「そうか、資本というのはおカネだけのことでなくて、いろいろに変身（変態）するんだ」と分かる。この時、「そうか、マルクスの『資本論』というのは、そういうことか」と分かる。分かった？

ピケティは、経済学者であるが、その中でもその基礎（あるいは土台）を作っている学問であるデモグラフィ demography「人口動態学《どうたいがく》」の専門家である。デモグラフィーとは、デモス（民衆、人口）をグラフ（図式や統計）に表わす学問だ。だから人口動態学という。経済学の土台の学問である。

ピケティは、高級そうな数学の数式なんか使わない。彼は、この300年間の世界各国に蓄えられている統計《とうけい》資料を使ってそれを理論《セオリー》に組み立て、結論を導いた。ここには日本の歴史資料も含まれる。それを、r＞gという1行の式に結実させた。

私（副島）がP117〜118で示したとおり、rを「金持ち儲かり率」と訳し、gを「国民全体の生活向上率」と訳したことが、正しいことが、以下のピケティの本の中にはっきりと書かれている。まさか、そんなことがあるんだろうか、と疑う人は、次のピケティ本人の文を読みなさい。

『21世紀の資本（論）』　トマ・ピケティ著

山形浩生、守岡桜、森本正史訳／みすず書房／2014年

…本研究の総合的な結論は、民間財産に基づく市場経済は、放置するなら、強力な収斂の力を持っているということだ。これは特に知識と技能の拡散に関連したものだ。でも一方で、（賃金の）格差拡大の強力な力もそこにはある。これは民主主義社会や、それが根ざす社会正義の価値観を脅かしかねない。

不安定化をもたらす主要な力は、民間資本収益率rが所得と産出の成長率gを、長期にわたって大幅に上回り得るという事実と関係がある。

不等式r＞gは、過去に蓄積された富が、産出や賃金よりも急成長するということだ。この不等式は根本的な論理矛盾を示している。事業者はどうしても不労所得生活者（引用者注。レントシーカー。フランス語では、rantieランティエ）になってしまいがちで、労働以外の何も持たない人々に対してますます支配的な存在となる。いったん生まれた資本は、産出が増えるよりも急速に再生産する。過去が未来を食い尽くすのだ。（601－602ページ。カッコ内、加筆）

ほら、このとおり、rのことを、「（金持ちたちが）過去に蓄積した富」と書いている。そして、それが常に「労働以外に何も持たない人々」（が産出するもの）よりも大きいと。

⑥ピケティが発見した真実もM>Yということだった

カネ | もの・こと

M > Y

r > g

rent、 rate、 ratio
レント レィト ラチオ
資本収益率

growth
グロウス
国民所得の成長率

資本収益率	経済成長率
＝	＝
レントシーカー賃貸し 投資物件の利回り	国民全体の GDPの増大
＝	＝
金持ち儲かり率	**国民全体の生活向上率**

「歴史上、常に資産家（資本家）が、一般国民よりも儲かってきた」がピケティの大業績

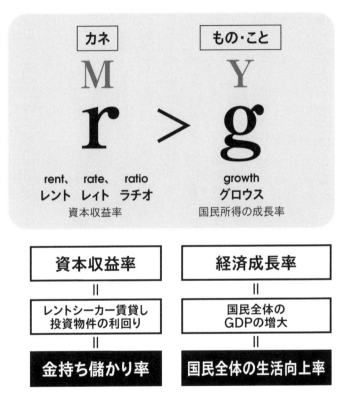

この公式は、前掲した『21世紀の資本（論）』の日本語版の初版では表紙の帯に掲げてあった。このr＞gがこの本の結論である法則《ラー》である。ピケティはこれを発見した業績により高く評価された。

ピケティのデモグラフィは、集団としての人間全体（デモス）を扱う。そしてそこから法則性を導き出す。

このデモグラファーは、日本では内閣府統計局や人口問題研究所などにいて、朝から晩まで、各種の統計の数字をかき集めていじくって、それで報告書を作成している人たちだ。大学の経済学部を卒業した人間たちだ。彼らの多くが公務員になったり大企業の系列《けいれつ》の研究所で、このデモグラフィ（人口動態学）の仕事をしている。

偉そうなビックマウス（大口叩《おおぐち》き）の有名経済学者のような、陽《ひ》の当るところに出てこない、一生下積《したづ》みでコツコツ数学を計算する仕事をしている人たちだ。これが、トマ（ス）・ピケティが専攻するデモグラフィである。

rとは「金持ち儲かり率」のことだ

この本の大きな主張であり、結論は、P115の図表のr＞gである。P43の図表では⑥である。このr＞gは、「r（が、常に）大《だい》なり、g（よりも）」と読む。

何のことかと言うと、rとは、ピケティが書いているとおり「資本収益率」のことだ。gは、「国民所得の成長率」のことである。どうせ何のことだか分からない。この本を買って読んだはずの大抵の人も分からないで放ったらかした。インテリを気取って分かったふりをした人もいる。

「資本収益率」も、「国民所得の成長率」ぐらい私だって分かるよ、と皆、言う。でもこの2つがどう関係するのかが分からない。まじめな人はこの本（日本語版）を、あちこちひっくり返しながら、何度も何度も読み直しただろう。

私もこの読書作業をやった。そして私は読み破った。他の人たちはどうだか分からない。

このr＞gは、ズバリと、次のように読むのだ。

「**r（金持ち儲かり率、は常に）＞（大なり）g（即ち、歴史的に、国民全体の成長率、よりも）**」である。

rの「資本収益率」を「金持ち儲かり率」と、私は訳した。それは、私が頭がいいからだ。「威張るな副島」と、もう言うな。私のズバ抜けた頭脳は、そろそろこの日本原住民《げんじゅうみん》国家で認められなければいけない。

このr（レイシオ ratio、レント rent、レイト rate、ラチオ ratio）は「金持ち儲かり率」即ち、地主やビルオーナー（家主）である金持ち（富裕層）の収益、儲けのことで、これが、g（growth グロウス）「国民所得の成長率」即ち「国民全体の生活の向上率」よりも、常に歴史的に、大きい。このことをピケティは証明したのである。

そしてこの⑥ r＞gの式も、まさしくこの章の初めのY＝Mの式とそっくりなのであり、置き換えることができる。つまり、

M（金持ち層のお金が増える率）＞（大なり）Y（国民全体の生活向上率）

なのである。このように、ピケティの⑥ r＞gの式もY＝Mという式にすっぽり入る。ここに全ての経済学なるものの秘密がある。Y（もの）＝M（カネ）で経済学なるものの謎《なぞ》は大きく解けたのである。これは私、副島隆彦の発見で業績だ。

第3章

アメリカ経済学者たちの迷走

“1990年コンセンサス”で
有頂天になったアメリカ貿易戦略

超《ハイパー》グローバリゼーションでアメリカは社会崩壊《ディスラプション》した

アメリカ経済学界で何が騒がれているのか

この第3章から、再び、マイケル・ハーシュが書いた「クルーグマンたちは間違った」評論文の続きを載せる。第1章からの続きである。ここでも日本語訳文を載せ、さらに英語の原文を載せる。

この章から、ハーシュ論文の中の重要な設問に対して、私が解説を加える。そうしないと日本の読書人たちでは、「なんとなく分かるけど、はっきりとは知らない」ことがたくさん出てくるからだ。ハーシュの痛切にクルーグマンを批判する文章が続くことで、アメリカのインテリ階級がどういう知識用語を使っているかが分かる。そしてアメリカの経済学界で何が騒がれているか、が如実に分かる。

「チャイナ・ショック」とライシュの皮肉

訳文 クルーグマンは、オバマ政権（2009―2015年）が、及び腰になって、財政と経済の諸改革をほとんど進めなかったことを、厳しく責めた。

クルーグマンは、それ以前の、クリントン政権（1993―2000年）で労働長官を務めた、進歩的（即ち民主党内の改革派）である**ロバート・ライシュ**（訳注。彼はこのあと戦略的貿易論者《ストラテジック・トレイダー》に変じた）に対してさえも非難の言葉を投げつけた。

ライシュは、国際競争の現状に疑念を持ち、アメリカの労働者たちのために、より良い保護政策と再訓練プログラムを実行しようとした。ところが、クルーグマンは、勢いよくこの派の人々を叩いた。1990数年に、私に直接、次のように言った。

「**ライシュは気の利いた言い回しはうまい。だが、ものごとを深く考えることができない。嫌な奴だ**」"offensive figure, a brilliant coiner of one-liners but not a serious thinker" とこき下ろした。

ライシュは、この件について、つい最近、私宛てにeメールを寄こした。

「そうか。クルーグマン君が、貿易（国際経済）について、やっと正しく理解できたとは嬉しいねえ」と私に書いてきた。

これに対し、クルーグマンはeメールで私に反論してきた。

「私は、ライシュにかつて自分が書いた内容を後悔《リグレット》している。だが、ライシュ氏が、これほどのハイパー（超）グローバリゼーションが起きて、〝チャイナ・ショック〟の大きな影響を最小限にくい止めようとした、など、一度も聞いたことがない」と、精一杯の負け惜しみを込めて皮肉を書いてきた。

英語原文 proto-progressives such as Robert Reich, the former Clinton administration labor secretary who worried about global competition and sought better protections and retraining for American workers, and whom Krugman had once dismissed to me — back in his lacerating days in the '90s — as an "offensive figure, a brilliant coiner of one-liners but not a serious thinker."

"I'm glad he's finally seen the light on trade," Reich told me in an email. Krugman, in another email, wrote: "I regret having said that about Reich, but if he foresaw hyperglobalization or the localized effects of the China shock, that's news to me."

企業の生産効率を最優先にした経済学者たち

訳文 経済ジャーナリストのビニヤミン・アップルバウムは、彼の最新刊の『経済学者たちの華麗なるショー《アワー》 見誤った預言者《プロウフェット》たち、自由市場万能、そして社会は崩壊』"*The Economists' Hour : False Prophets, Free Markets, and the Fracture of Society, 2019*"の中で書いている。

「経済学者たちは、1960年代末から、それまでなかった手法で、ワシントンの政策立案を支配するようになった。そしてアメリカを誤った方向に導いた。経済学者たちは、自由市場が持つ、驚くほど素晴らしい機能は確実に存在し、科学的に証明されている、という誤った考えを強く主張してきた。このことが、アメリカ社会を崩壊《ディスラプト》させ分裂《ディバイド》させた。

経済学者たちの理論は、アメリカ国内の企業の従業員（労働者）の社会福祉を犠牲にした。企業にとっての生産効率を最優先にした。企業内で少しずつ高い賃金になるべき雇用を切り捨て、低コストの電子工学"low-cost electronics"による（後進国の奴隷工場《スウェット・ショップ》のような）生産現場に未来はなってゆく。

アメリカの製造業の利益を、アメリカの消費者の利益と一緒くたにして混同させた**（訳注。経済学者たちは、アメリカ国民の幸せよりも、消費者としての国民であるならば、より安い商品、より安いサービスのほうを望むはずだ〈それが皆《みんな》の幸せだ〉、と、資本家〈経営者〉の側に同調して、国民を騙した）**」とアップルバウムは書いた。

英語原文 As the journalist Binyamin Appelbaum writes in his new book, The Economists' Hour: False Prophets, Free Markets, and the Fracture of Society, economists came to dominate policymaking in Washington in a way they never had before and, starting in the late 1960s, seriously misled the nation, helping to disrupt and divide it socially with a false sense of scientific certainty about the wonders of free markets.

The economists pushed efficiency at all costs at the expense of social welfare and "subsumed the interests of Americans as producers to the interests of Americans as consumers, trading well-paid jobs for low-cost electronics."

自由貿易への盲信から起きた収入格差(貧富の差)

オーターとロドリックの反撃

訳文 デイヴィッド・オーターは、マサチューセッツ工科大学(MIT《エムアイティー》)の経済学者である。彼は、中国の急速な台頭が、アメリカの労働市場に驚くべき影響を与えていることを、多くの論文で発表してきた。

クルーグマンは、自分の最新の論説文に、オーターの論文を引用している。オーターは、権威ある『ニューヨーク・タイムズ』紙のコラムニストであるクルーグマンが、この度《たび》、自分の誤りを認めたことを評価した。オーターは、私宛てのeメールに、「なんというすばらしい奇跡が起きたんだ!?」と書いてきた。

オーターは、「**クルーグマンたち、貿易に関する誤った予測をして**(ネオ・リベラル派の)**〝1990年合意(コンセンサス)〟を擁護してきた者たちを、**私はいまさら責めはしない」とeメールで書いた。

　さらに彼は、次のように書いた。「率直に言って、その当時、現在の状況を予測することは不可能だった。地震が何日の何時何分にどこで起きると予測できないのと同じだ、と私は考えている。より問題なのは、自由貿易《フリー・トレイド》だけが正しい、と頭から信奉してきた時代精神（ツアイトガイスト Zeitgeist　共同了解）が（アメリカの経済学会で）ずっと続いたことだ」

　とオーターは書いた。さらに書いてきた。

「（それに対して）私は、一般に正しい、とされる知見《ウィズダム》に頭から囚われることはなかった。彼らは、（当時、アメリカに）何が起きているか、証拠をきちんと出して論じることができなかった（私はそれをやった）。

　アメリカ経済学会には、何かギルドに入っている者たちが、共通で信奉しなければならない正統な教義 guild orthodoxy《ギルド・オーソドキシー》 があった。**その教義は、世界中の全ての人々にとって、国際貿易は善である、と政策立案者《ポリシー・メイカー》（政治家と実務官僚《キャリア・スタッフ》）たちに助言することが、自分たち経済学者の仕事なのだ、と強く思い込んだ**」

Silly
愚か者めが!

かつてクルーグマンに
ボロクソに言われた
経済学者たちが反撃する!

写真:Getty Images

「グローバリゼーションでも
クルーグマン先生は、アメリカはうまく
いくと信じ込んでいたんだよ。アハハ」

立場逆転!

写真:David Autorのtwitterから

写真:Andrzej Barabasz

デイヴィッド・オーター
(52歳)

マサチューセッツ工科大学(MMT)
教授

ダニ・ロドリック
(62歳)

ハーヴァード大学教授
次期・国際経済学会会長

英語原文 David Autor, an economist at the Massachusetts Institute of Technology (MIT) whose documentation of the surprising effects of China's rapid rise on the U.S. labor market is cited by Krugman in his new essay, gives the Times columnist a lot of credit for admitting error.

"How rare is that?!" Autor wrote via email. He said he doesn't blame Krugman or other defenders of "the prior consensus" for making faulty predictions about trade. "I honestly think that getting this one right ex ante would have been akin to accurately forecasting the date, time and location of an earthquake."

The bigger problem was the pro-free trade zeitgeist, Autor said. "I think that the received wisdom inhibited economists from closely evaluating the evidence of what was underway. ... One could say that there was something of a guild orthodoxy: The key dictum was that policymakers should be told that trade was good for everyone in all places and times."

解説文 ここで、私、副島隆彦が、今から25年前（1995年）に書いた『世界覇権国アメリカを動かす政治家と知識人たち』（講談社＋α文庫）の中から引用する。この文が、25年たった今でも、そのまま生きている。このハーシュ論文に対する的確な解説文になっていることを、この本の読者はすぐに分かるだろう。

クリントン政権が採用した、ネオ・リベラル派知識人たちが作った「インダストリアル・ポリシー」Industrial Policy（産業政策）とは何か。それは、アメリカの大企業群に対して「あなたの企業もあんまり自分勝手な、〝資本家の金《かね》儲け根性丸出し〟の経営ばかりしないで、国民全体の幸せになるように、国家の目的に合致するように動きなさい」と、政府が上から柔らかい統制・規制を加えてゆくというものだ。

実は、この考えは、ずば抜けて優れた日本学者のチャルマーズ・ジョンソン Chalmers Johnson が、七〇年代の日本の通産省（ＭＩＴＩ《ミティ》と略称する。現在の経産省）のやり方を、研究分析したことから始まった政策思想である。欧米では「日本の六〇年代、七〇年代の高度成長経済の大成功は、通産省などの官僚たちがソフトな

統制経済《コントロールド・エコノミー》を行って、企業活力を国家目的に添うように上手に誘導したからだ」と考えられている。

この理論を、『通産省の研究』*'MITI and the Japanese Miracle, 1982'*《ミティ・アンド・ジャパニーズ・ミラクル》で発表したのがチャルマーズ・ジョンソンだ。彼は反《はん》グローバリストである。彼の理論を盗んで東部エスタブリッシュメントのリベラル派の学者たち（代表レスター・サローイエール大学教授）が、「産業政策論」として民主党の政策思想に変えたのである。

（『世界覇権国アメリカを動かす政治家と知識人たち』
P165～166　講談社＋α文庫）

このように、私は、25年前に、「産業政策」（インダストリアル・ポリシー）について書いた。この政策を、民主党政権ではない、現在、共和党であるトランプ政権が復活させて活用している。

このことから、アメリカ政府による大企業への統制の政策が、共和党によっても実施されていることが分かる。これらのことについては、このあとのハーシュの文及び、それへの私の解説文で、さらに明確に分かる。

アメリカ政界の思想派閥の全体図

1995年に副島が作成

民主党

- ❶ 大労組リベラル穏健派
- ❷ 急進リベラル派（学者・知識人・文化人）
- ❸「ネオ・リベラル」派
- ❹「ニュー・デモクラット」派

共和党

- ① ネオ・コン派（こうもり集団）
- ② サプライサイダー派
- ③ 保守本流派（バーキアン）
- ④ アイソレーショニスト派
- ⑤ チャイナ・ロビー派（反共・台湾独立支持派）
- ⑥ 宗教右派
- ⑦ リバータリアン派

反グローバリスト連合 ⬅✖➡ グローバリスト連合

※本書では、④⑤⑥⑦を共和党「根本保守派」と分類する

『世界覇権国アメリカを動かす政治家と知識人たち』副島隆彦 著
講談社＋α文庫 1999年刊から

トランプ政権で復活した保護貿易主義

貿易をゼロサムゲームと見なすトランプ

訳文 ハーヴァード大学経済学教授のダニ・ロドリックは、1997年（今から23年前）に『グローバリゼーションは行き過ぎている』"*Has Globalization Gone Too Far?*"という本を出した。この本は発表された当時、異端《いたん》（ヘレティック heretic）とされた。

先週、ロドリックは、私（ハーシュ）に「私が（23年前のあの）当時、あの本を書いたのは、グローバリゼーションに関して、経済学は全く関心を払っていない、と確信したからだ」と言った。

今や彼の考えが主流になった（訳注。即ちクルーグマンたちは敗北した）。ロドリックは、国際経済学会（IEA）の次期会長《ネクストプレジデント》に決まった。経済学者たちは、自分たちがこれまでに作り出して山積みにしたゴミを片付けるためにようやく動き始めた。

ロドリックは、国際通貨基金（IMF）元チーフエコノミストのオリビエ・ブランシャールと一緒に、ワシントンに本拠を置くピーターソン国際経済研究所（PII《ピーアイアイ》E《イー》）で、収入格差（貧富の差の拡大）に関する会議を開催した。

しかし、ロドリックは述べている。「**もう手遅れだろう。**何故ならトランプ大統領の下では、理屈が通る議論はできない。

現在のアメリカ大統領は、現代経済学を無用の長物《ちょうぶつ》として切り捨てている。アダム・スミスよりも前の時代の、**まるで重商主義者《マーカンティリスト》のように、粗削りの保護主義（自国の利益優先。他国の富を奪い取ることを是認）**を復活させ主張している。

トランプ大統領は、貿易をゼロサムゲームと見なしている（訳注。自分が損するか得するか、のどちらしかないという考え方）。だから、貿易黒字なら利益、貿易赤字は損失と単純に考えている。トランプ大統領は経済学の基本を全く分かっていない」

アップルバウムは、最新刊の『経済学者たちの華麗なショー《アワー》』の中で、「トランプ大統領の無知は、歴代のアメリカ大統領の中で比べる者がいないほどヒドい」と嘆いている。

英語原文 Dani Rodrik, a Harvard University economist who in 1997 published a then-heretical book called *Has Globalization Gone Too Far?*, said last week that he wrote it precisely because he believed that “the profession was so blasé about globalization.”

Now his views are mainstream, and Rodrik is president-elect of the International Economic Association. But the economists have barely begun to clean up the mess they left behind, as a conference on inequality at the Peterson Institute for International Economics in Washington, organized by Rodrik and former International Monetary Fund (IMF) chief economist Olivier Blanchard, made clear last week. And now in some ways it’s too late because, as Rodrik says, it’s not even possible to have a reasonable discussion under Trump.

The U.S. president has effectively discarded modern economics, reembraced crude protectionism, and, like the mercantilists of the pre-Adam Smith era, appears to see trade as a zero-sum game in which surpluses are in effect profits and deficits are losses.

His ignorance of basic economics “is without parallel among modern American presidents,” Appelbaum writes in *The Economists’ Hour*.

アメリカの貿易（通商）政策の対立点

学者と政治家と政策官僚

A　自由貿易主義者《フリートレイダー》

グローバリスト。ネオ・リベラル派とクルーグマンたち主流派経済学者

↓ 交渉官となって現実を知ったので

B　戦略的貿易主義者《ストラテジック・トレイダー》

Aから崩れて、アメリカ国内の労働者を守る立場になった

C　保護貿易主義者《プロテクショニスト》

外国貿易での排外主義者。トランプはここに近い

D　グローバリズム大企業群

世界を支配するアメリカの大企業たち。多国籍企業（マルチ・ナショナルズやコングロマリット）

Ⓓが、第2期目からⒸのトランプを嫌う。「私たちは世界中で利益を出しているんだ」「トランプよ、私たちが外国で作った製品に高関税をかけるな」と文句を言う。

米中貿易戦争の原因は2000年から始まった

2000年から始まったアメリカ製造業の雇用喪失

訳文 トランプ大統領は、これまでに無い大規模の貿易戦争《トレイド・ウォー》を始めた。彼は、アメリカ国民の中国に対する大きな不信と恐怖を利用（悪用）している。国民の間《あいだ》に中国に対する不信と恐怖が広がったのは、経済学者たちの初期の誤解に大きな責任がある。

特に中国の経済成長が、こんなにも素早く短期間（訳注。たったの30年）で起き、アメリカの製造業で膨大な数の雇用を喪失させた。この事実を経済学者たちが見損ない誤解したせいである。

今では、クルーグマンも認めるとおり、「アメリカ製造業（が生み出す）の雇用は、2000年を境にして崖から落下するように急落した。この急落は、アメリカの貿易赤字、その中でも特に対中《たいちゅう》貿易赤字の急増にピッタリ対応している」のである（訳注。

米・中・日3カ国のGDP比較
（2019年）

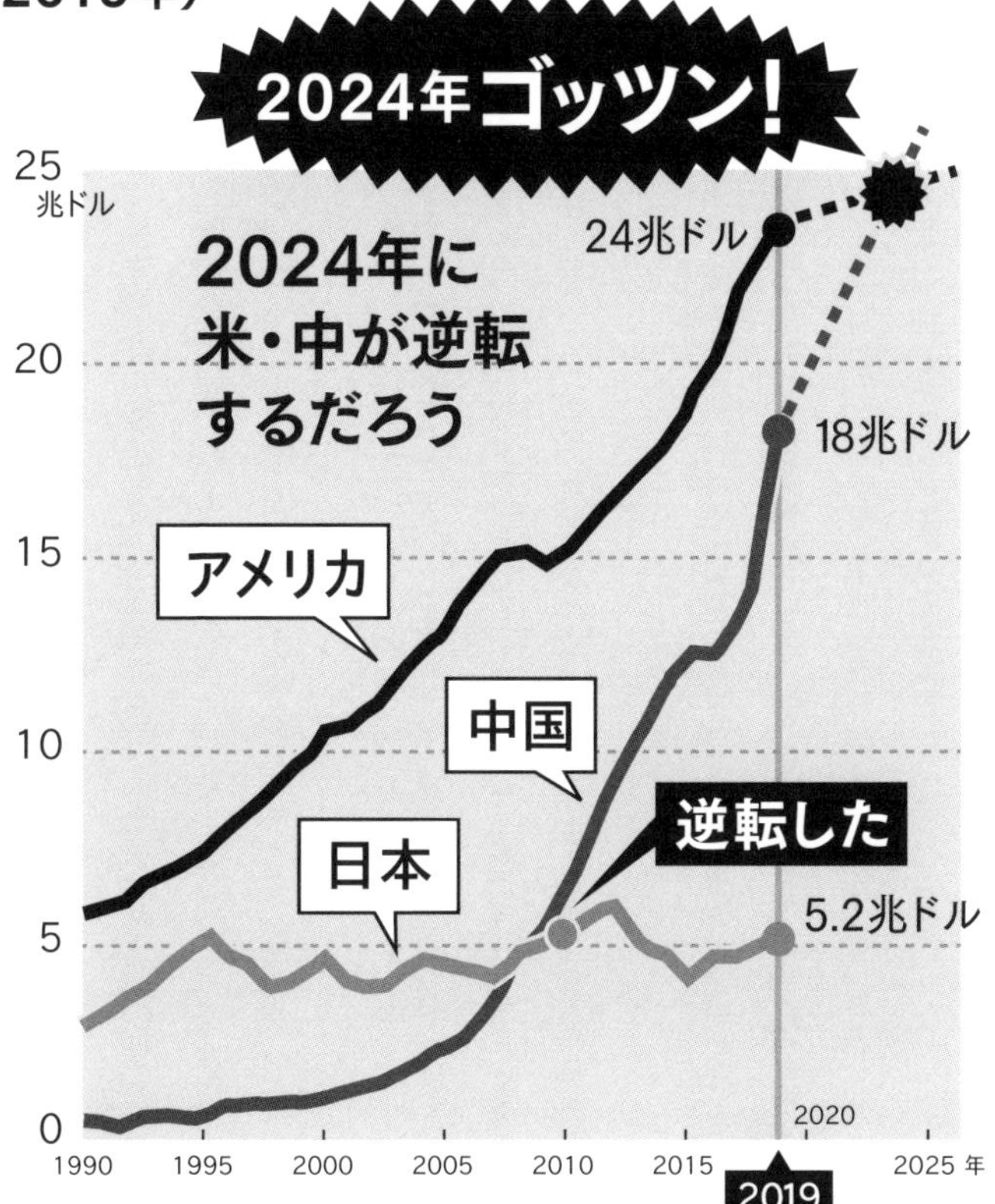

日本はみじめ。ミミズが横に這ったように、この25年間、ずーっと5兆ドル（500兆円）。バカみたい。

この貿易赤字額《がく》は差し引きで毎年８０００億ドル。日本円で80兆円。これが毎年、累計借金としてズシリと積み上がってゆく）。

雇用（の減少）と貿易赤字の大きな数字は、トランプ大統領の重商《じゅうしょう》主義（マーカンティリズム）の唱導に信憑《しんぴょう》性を与えるようになった。もっとも、トランプ大統領の主張は、どこまでいっても（学問的でなく）もっともらしいだけで中身はない。

英語原文 Yet Trump has been able to launch an unprecedented trade war, exploiting the public's mistrust and fear of China, thanks in part to the economists' early misreadings —specifically of how swiftly China's economic surge would displace so many U.S. industrial jobs.

As Krugman now acknowledges, "manufacturing employment fell off a cliff after 2000, and this decline corresponded to a sharp increase" in the U.S. trade deficit, especially with China. Those numbers, in turn, have tended to lend credence to Trump's mercantilist notions, no matter how spurious.

解説文 ここに書かれている、アメリカの財政と貿易の「2つの赤字」は、ツウイン・デフイシット twin deficits〝双子の赤子〟と言われる。これを抱えているので、気が狂いそうになったトランプは、外国をぶったくりに行く。日本はその最大の犠牲国である。トランプは、この貿易赤字を理由にして、「アメリカ製品をもっと買え。輸入を増やせ」と言うことさえしなくて、理屈もなしに、「金払え、金払え」である。「アメリカ製の兵器を大量に買え。あるいは、ボーイングの飛行機を買え。農産物を買え」である。あるいは、「アメリカの知財《ちざい》（知的財産）を盗んだだろう。その分を払え」と、諸外国の大統領や首相を強請《ゆす》る。これが現在の世界である。

訳文 **（ハーヴァード大教授の）ロドリック**は、「トランプ大統領が登場した効果《エフェクト》の中で、私が最も予想外だったのは、外国貿易、収入格差、そして労働者への適切な保護について、根拠ある（着実な）議論がアメリカ国内で、もはや完全にできなくなってしまったことだ」と述べている。だが、このこともまた、1990年に遡《さかのぼ》るアメリカ経済学者たちの自由貿易（フリー・トレイド）信仰に基づく、政治家たちへの間違った助言による、アメリカ経済が悪化した影響の責任である。

英語原文 "One of the most perverse effects of Trump was that it completely erased any reasonable discussion" about how to address trade, inequality, and the right degree of protection for workers, Rodrik said. And this, too, is a downstream effect of the bad advice economists delivered about free trade going back to the '90s.

解説文 アメリカの経済学者には、共和党系の経済学者もいる。ところが彼らは学会でごく少数だから経済学会全体からは、相手にされていない。それでもいることはいる。

この純然たる保守派の経済学者たちは、ゴリゴリの大企業経営者の味方である。P135の表のⒹグローバル大企業群の家来である。「世の中は甘くないんだ。経営は大変なのだ」で、労働者の保護など考えない。それがガリガリの保守というものだ。「そういう労働者支援のための財政の余裕なんか今の政府にはない。企業経営は厳しいんだ」と言う。

彼らの牙城はなんとニューヨークの名門コロンビア大学である。ニューヨークはアメリカのリベラル派の中心都市で民主党支持の土地柄だ。それなのにその中心にあるコロンビア大学には、伝統的にガリガリの共和党保守派で守られている。「バカ（民主党員）はウチに入ってくるな。入れない」という感じだ。

自由貿易政策が生み出した政府への激しい怒り

訳文 ＭＩＴのデイヴィッド・オーター教授は、また次のように書いている。

「（クルーグマンら主流派経済学者は、）自由貿易を熱狂的に推し進める政策によって、政策立案者《ポリシーメイカー》たちは、貿易不均衡（貿易赤字）がもたらすショック、そしてその悲惨な結果に目を向けることができなかった。そして、これらのショックに対する準備を全くできなくした。たとえば、当時のアメリカには、きわめて貧弱なセーフティ・ネットと、職業再訓練政策しかなかった」

その結果、アメリカは、起きている事態に対して何の疑念も持たず、準備もないままに、国家政策が生み出した無視できない規模の大災害、別名〝チャイナ・ショック〟に見舞われた。こうして一般国民に自由貿易のことで政府への激しい怒り《バックラッシュ》が起きた。これが、アメリカ国内の政策議論で、自由貿易の害毒ばかりが強調されることにつながった。

私（M・ハーシュ）のこの評論文を読む皆さんも、この皮肉がお分かりになるだろう。外国との貿易を熱狂的に推進したことで、結果として、自由貿易が本来持っている正当な根拠をも完全に壊してしまったのである。

英語原文 Or as MIT's Autor put it: "Ultimately this policy boosterism blinded policymakers to the potentially grave consequences of trade shocks and likely lulled us into underpreparing for these shocks (e.g., we had a paltry safety net and retraining policies on hand). It led us somewhat blithely into a non-negligible policy disaster (AKA the China Shock) and provoked a public backlash that has rendered free trade toxic in the U.S. policy debate. There's an irony for you: trade boosterism has ultimately hurt the cause of free trade."

解説文 再度、「産業政策《インダストリアル・ポリシー》」とは何かについて解説する。ここまでの話で分かるとおり、トランプ政権は、自由貿易《フリートレイド》を捨てて諸外国への報復的（ピューニテイヴ）な高関税（ハイ・タリフ）を課けながら、その一方でNEC《エヌイーシー》（国家経済会議）を作って産業政策を実行している。この産業政策の、何がそれほど重大なこととして、アメリカで議論されたのか。このことを分かっている日本人は、今もほとんどいない。

このインダストリアル・ポリシー industrial policy、産業政策という国家政策が、アメリカで政策として採用されたことの重要性と、そして今再びトランプによって実行されていることの意味を私たちは今からでも知らなければいけない。

「産業への政策でしょ。当り前でしょ。それが何か問題なの？」と考える程度の知能しか、現在でも、日本の知識人層、学者たちでも持っていない。

私は失望し、絶望しながら、この25年間を生きてきた。この「産業政策」がアメリカ合衆国で1992年に民主党のクリントン政権の始まりで採用された。そして、今の共和党のトランプ政権で重要視されて政策として復活したからである。

私は今から、丁度25年前に、次のように前掲書で書いて説明した。

このライシュやサローやバーグステンら、ネオ・リベラル派が唱えたのが、前述した「産業政策論」Industrial Policy（インダストリアル・ポリシー）である。

この立場は、外交面においては、アメリカの利益を積極的に追求するエコノ・グローバリズム（経済覇権主義）の立場に立つ。この考えは、アメリカの大企業の大《だい》労働組合の幹部たちをも説得できる。彼ら労働組合の立場では、アメリカの労働者の生活を守るためには外国の企業に厳しく課税してほしいし、アメリカの国内産業を保護して国内企業を倒産の危機から守ってほしい。ところが、行き着くところはどうもプロテクショニズム Protectionism（保護貿易主義）であり、アメリカはやがてフリー・トレイド Freetradism（自由貿易主義）を維持できなくなる恐れがある

アイソレーショニストのパット・ブキャナンはすでにはっきりと、「アメリカは、保護貿易（国内産業保護政策）に転じるべきだ」、「アメリカは覇権国（世界帝国）意識を捨てなければならない」とまで言っている。

このブキャナンとは犬猿の仲ながらネオ・コン派のエドワード・ルートワックも『アメリカ衰退論』の中で、「このまま行けば、アメリカはもっともっとダメになり、まるで第三世界の都市のような、荒れすさんだ国になる」と書いた。

民主党のネオ・リベラル派からも、ロバート・カトナー Robert Kuttner が、『自由放任経済の終わり』*The*《ジ》 *End*《エンド》 *of*《オブ》 *Laissez*《レッセ》*-Faire*《フェール》（一九九一年）を書いて、「もはやアメリカは自由貿易を言っている余裕などない。アメリカは管理貿易体制に移行して、輸

入品に高関税《ハイ・タリフ》をかけなければならない」と言っている。

（『世界覇権国アメリカを動かす政治家と知識人たち』P144―145）

ここから話を少し広げる。P33で前述したリチャード・ゲッパートの政策思想にも関わることである。

トランプ大統領は、メキシコ国境線（3200キロメートルある）に高い壁（ウォール）を今も建設中である。リベラル派や中南米からの移民たちは、これに強く反発してきた。この「国境線に壁を築け。ラティノス（中南米人）の違法移民（イリーガル・アライヴァルズ）をこれ以上入れるな。とても面倒みきれない。今やアメリカは移民問題で潰れそうだ」と主張したのは、前記のパット・ブキャナンである。

ブキャナンは1970年代のニクソン大統領のスピーチライターから出世した人だ。彼は、「国境線に鉄条網（バーブド・ワイヤー）を敷け」と提案した。ブキャナンは白人優位説に立つ人種差別主義者《レイシスト》である。しかし本当の正直者である。だから私は彼が好きだ。アメリカの愛国保守である。彼が強烈にすごかったのは、1989年に、「もうあの悪の帝国のソビエトは滅んだ。さあ、外国に駐留している米軍を国内に戻そう」"We go back home.”ともの凄いことを言った。今のトランプはまさしく、このパット・ブキャナンの思想を受け継いで実行しているのである。このことを大きく分かりなさい。

ところが、「国境線に壁を作れ」と、ブキャナンよりも早く言い出した政治家がいた。なんと、それは民主党リベラル派の議員で、労働者階級《レイバー・クラス》の味方である、リチャード・ゲッパートだった。このゲッパートの正直さも、もの凄いものである。

なぜなら、中南米から移民がさらにドッと何百万人も押し寄せると、アメリカ国の労働賃金が下がる。就職口で競争する。そうしたら困るのは、下層労働をしている今のアメリカ労働者たちである。彼らは新《しん》移民と職を争うようになる。だから、アメリカの大《だい》労働組合を含め、内心の本心は、「もうこれ以上、外国からの移民は入って来ないでくれ」なのである。

このことの重大さを私たち日本人は知らなければいけない。

ここまで分かって始めて、私たちは、アメリカ政治思想の各流派というものが、どれぐらい大柄な、大きな議論でぶつかり合い、スケールの大きい政治思想の対立点を持っているかが分かる。このことは日本人でも、この貿易と移民問題を切実に考えれば、分かることだ。だが、これらの真正直な議論は、日本国内では行なわれない。情けない国である。

写真：USGov

貿易摩擦で保護貿易主義者のゲッパートとアメリカ自動車労組UAWが日本車を叩き壊した

写真：AP/アフロ

写真：AP/アフロ

〝1990年コンセンサス〟とは何か？

自由貿易全面推進で合意

訳文　私（マイケル・ハーシュ）は、クルーグマン教授に、直接質問した。「あなたや他の経済学者たちが犯した誤りが、トランプ大統領の台頭（出現）を助けることになったのではないか」

これに対してクルーグマンは次のように答えた。「私たちは、その問題について、目下、議論をしている最中だ。しかし、トランプ大統領の貿易政策《トレイド・ポリシー》に関してのものに限定している。彼を熱烈に支持している（訳注。中西部《ミッドウエスト》の失業している）ブルーカラーの労働者たちも含めても、多くの人がトランプを支持しているとは、私は思わない。従って、トランプ大統領が当選したことについてまで、私たち貿易（と国際経済）の専門家を非難するのは、いくら何でもあんまりだ」

英語原文 Asked whether the mistakes made by him and other economists helped lead to the rise of Trump, Krugman responded: "We're still debating this, but as far as I can tell Trump's trade policy isn't resonating with many people, even his blue-collar base. So it's kind of hard to blame trade analysts for the phenomenon."

解説文 このようにクルーグマンは、ハーシュからの鋭い指摘に対して、居直った。ここで、「あなたたち経済学者が、トランプを当選させた、その大きな原因とその責任者なのではないか」という、問題の立て方が出てきている。

こういう考え方（論理《ロジック》の立て方）は日本人には、なかなか理解できない。たかが、経済学者たちの集団が、経済分析を間違い、予測にも失敗していたからといって、それが、トランプ当選の直接の原因になるのか。それはいくらなんでも、私（クルーグマン）たち経済学者への買《か》い被《かぶ》りだろう、とクルーグマンは言って逃げたいのだ。

訳文 クルーグマンのこの言い訳じみた発言に、決して同意しない人々がいる。

問題の一部は、ポスト冷戦時代（訳注。１９９１年のソビエトの崩壊後のこと）に〝１９９０年コンセンサス〟が生まれたことで、以後、経済学者たちは貿易に関して、単純な二者択一の考え方で、どちらかひとつを選ぶという考え方をするようになった。あなたは自由貿易《フリートレイダー》を信奉するのか、それとも保護貿易《プロテクショニスト》を信奉するのか、のどちらかを選べ、と。クルーグマンは、まさしくこうした経済学者の１人だった。クルーグマンは、たいていの場合、自由貿易を支持する立場だった。

ところが、クルーグマンの著書や論説は、何と皮肉なことに、このあと賢明な**戦略的貿易政策**（訳注。ストラテジック・トレイド・ポリシー。本書Ｐ１３５の表の中のⒷのこと。その別名が戦略的貿易主義者）の知的土台となった。

クルーグマンの初期の論文（こっちは自由貿易一点張りだった）と、ノーベル経済学賞の受賞論文（２００８年）とを見比べると、微妙に矛盾する内容が含まれているからだ。

英語原文 Others would disagree. Part of the problem is that, back in the '90s, when the post-Cold War consensus was just emerging, economists tended to take a simplistic

若い頃はリバータリアンで証券マン（相場師）。その後は、現実の重さでなんでもありになった元FRB議長

アラン・グリーンスパン

Alan Greenspan（1926－　）

若い頃は、リバータリアリニズムの創始者のひとり。アイン・ランド女史の弟子かつ愛人だった。ニクソン政権とフォード政権で経済顧問になった。1987年から2006年まで第13代FRB議長を務める。就任2カ月で、“ブラック・マンデー”（1987年、NY株大暴落）の試練を受けた。アメリカの2000年代の絶頂の好景気を演出して“マエストロ（巨匠）”と称賛の中で花道を飾り引退。しかし、2007年から起きたバブル崩壊で、戦犯のひとりとして批判された。

either-or view of trade—either you were a free trader or a protectionist—and forced people to choose sides. Krugman was one of them, adopting by and large the free trade position, which was ironic considering that his Nobel-winning work in economics was far more nuanced than his books and columns (and actually helped lay the intellectual foundations for smart strategic trade policy).

解説文 クルーグマンは、始めから（若い時から）完全、完璧《ぺき》な自由貿易主義者であるわけではなかった。このことをハーシュが知っていて、この点で、後年（のノーベル賞受賞の対象論文）は、自由貿易とグローバリズムの行き過ぎに対して、歯《は》止《ど》めをかけることをクルーグマンは書いていたと、少しだけ肩を持った。

だがその内容が、どれほど、「アメリカ国内の労働者の保護」のことで政策提言していたのか、は今の私たちに不明である。戦略的貿易主義とは何かは、Ｐ１３５の表と、ちょっとあとの方でほうが書く解説文で明らかにする。

自由貿易か保護貿易かという単純化した二分法

訳文 当時、クルーグマンにこき下ろされた人々は、今も彼の誤った判断に怒っている。彼が悔悛《かいしゅん》、反省《はんせい》しても腹立ちを抑えられないままだ。

『アメリカン・プロスペクト』誌の共同編集長で、進歩派の思想家として多くの人に引用される**ロバート・カトナー**は次のように述べている。「誤りを認めて反省をすることは悪いことではない。だが、クルーグマンが書いているものを最後まで読むと、彼は今でも、自由貿易か、さもなくば保護貿易か、という過度に単純化した二分法《ダイコトミー》にこだわっていることが分かる。

クルーグマンは若い頃、『アメリカは競争力の比較優位《コンパラティブ・アドヴァンテッジ》を、常に創出できると論理的に証明した』ことで経済学界で名を上げたのだ。

ところが、クルーグマンは、最近は、まるで経済学史を専攻している、数学を全く使わない学者たちが言いそうなことを言っている。このことは何ともはや、奇妙だ」

英語原文 Other former Krugman victims still blame him for his misjudgments and are not so assuaged by his penitence. “This is not bad as mea culpas go, but if you read through to the end, Krugman persists with the oversimplified dichotomy of free trade versus protectionism, ignoring such successful hybrids as East Asian neo-mercantilism,” said Robert Kuttner, the co-editor of the American Prospect and a much-cited progressive thinker. “This is all the more bizarre because the young Krugman came to prominence demonstrating that [national] competitive advantage could be created, something that any non-economist student of economic history could have told him.”

解説文　ロバート・カトナーという、アメリカの老練な思想家がどのような人物であるかについては、私の25年前の本の中で、分類されており、P１４５〜１４６に少し出てくる。「比較優位説」なるものについては、次のP１５５〜１５６の文を読んでください。比較優位説という国際貿易論での大原理とされる学説は、このリカードゥの経済学の中に、端《たん》的《てき》に表われた。これは今でも国際経済学の重要な原理とされる。

ところが、この比較優位説は今ではボロボロに打ち破られてしまった。このことが、ハーシュの文の中に出てくる。

リカードゥが発見した「比較優位の原理」

comparative advantage《コンパラティブ・アドヴァンテッジ》

リカードゥ著『経済学および課税の原理 上巻』から

岩波文庫／羽場卓也 吉沢芳樹 訳から 原著の初版／1817年

…ぶどう酒はフランスとポルトガルで造られるべきだ。穀物はアメリカとポーランドで栽培されるべきだ。そして金物類（工業製品）やその他の財貨はイギリスで製造すされるべきだ。といったことを決定するのは、この（比較優位の）原理なのである。（略）

かりにポルトガルが他国との通商関係をもたないとすれば、この国は、その資本と勤労の大部分をぶどう酒生産に投入する。（通商と貿易が禁じられると）このぶどう酒で（なんとかして）他国の毛織物と金属類を自国用に購入する。あるいは、ポルトガルは、このぶどう酒生産から作られた資本（資金）の一部で、（仕方なく国内での工業生産の）諸商品の製造に向けることを余儀なくされ、その結果、おそらく質量ともに劣った工業製品（金物類）を獲得することになるであろう。

ポルトガルが、イギリスの毛織物と引き換えに、イギリスに与えるであろうぶどう酒の分量は、かりに両商品ともにイギリスで、あるいはポルトガルで製造される場合に、そうであるようには、各々の生産に投じられるそれぞれの労働量によって決定されるものではない。

イギリスは、（一定量、10トンとかの）毛織物を生産するのに1年間に100人の労働を必要とする。またイギリスが（一定量、ボトルで1000本とかの）ぶどう酒を醸造しようとすれば、同一時期（1年間）に120人の労働を必要とする事情のもとにあるとしよう。したがって、（そんな無駄なことをするよりは）イギリスは（自分が得意とする）毛織物の輸出によって（その代わりに）ぶどう酒を輸入し、購入することが、自国の利益と見なすであろう。

ポルトガルで、（一定量の）ぶどうを生産するのには、1年間に80人の労働しか必要としない。また同じ国（ポルトガル）で毛織物を生産するには、同一時期（1年間）に90人の労働を要するだろう。それゆえ、この国（ポルトガル）にとっては、（イギリス産の）毛織物と引き換えにぶどう酒を輸出するのが有利となる。

この交換（貿易）は、ポルトガルに輸入される商品が、そこでは（ポルトガルでは）イギリスにおけるよりも一層少ない労働で（毛織物を）生産しうるにもかかわらず、（この貿易は）なお行なわれるだろう。ポルトガルは、（一定量、10トンとかの）毛織物を90人の労働で生産しうるにもかかわらず、その生産に100人の労働を要する国からそれを輸入するであろう。（190〜192ページ）

注。平易に読めるように、原文の旧漢字を新漢字に、漢数字を算用数字等に表現を改めています。カッコ内は、著者（副島隆彦）による補足説明です。

解説文

アダム・スミスに継いで有名な大《だい》経済学者であるリカードゥは、外国との貿易の有益性を力説した。イギリス産のぶどう酒も、ポルトガル産の工業製品（金物類と毛織物）の両方が、ひどく高価なものになる。それを避けるために、イギリスとポルトガルは通商、貿易するべきなのだ。

なぜなら、イギリス製の毛織物が、ポルトガル製よりも上質であり、高価なものであるからだ。安価で安物《やすもの》の製品は、長い目で見たら粗悪であり、買った人が損をする。ここに比較優位説による外国貿易（通商）の大事さがある。

ところが、西暦2000年から、このリカードゥが発見した国際経済学の原理が通用しなくなり壊れた。

比較優位ではなく、世界経済は絶対優位になってしまった。最新式の生産設備（工場）を持つ国の大企業が、丸ごと後進国（貧乏国。労働の賃金が安い）に移して生産すれば絶対優位となる。国内だけでなく世界中の他の競争相手の大企業たちとの競争にも打ち勝つ。それが現在のグローバル大企業がやっていることである。

ところが、さらに一枚上手が出てきて、アメリカのグローバル大企業（P135の表のⒹ）をたらし込んで、さらに高度の先端製品を作れる国が出現した。それが中国である。

比較優位説は、諸外国との自由貿易が何よりも参加国全員にとって利益をもたらすことの証明した、とされ、その根拠になった歴史的な大理論である。

ところが、現在ではもう輝きを失った。私が、ここで比較優位とは何か、を1行で種明かしすると、こうなる。「どんな貧乏な国でも、特産物があるでしょう。それを輸出すればいい、それなら国際競争に負けない」というだけのことだ。バカみたい。

これが偉大なる経済学者リカードゥの文（P155〜156）だと、「ポルトガルは得意なワインを作れ、どうせ貧乏国なのだから。そして、イギリスの金属類を輸入しろ」である。

ただこれだけのことだ。こんなものが現在でも経済学の原理の1つとされる。アホみたい。

クルーグマンの苦しい言い訳

訳文 こうした批判に対して、クルーグマンは、

「私は、アメリカの中産階級《ミドルクラス》に対しては、より良い医療と教育という保護が与えられるべきだと昔から確信していた」と自己弁護している。

彼が、『ニューヨーク・タイムズ』紙のインターネット版に論説のブログを書き始めたとき（2000年。47歳のときから）のブログのタイトルは、「あるリベラル派の良心」“The Conscience of a Liberal”《ザ・コンシエンス・オブ・ア・リベラル》だった（訳注。これはハーシュからのクルーグマンに対する皮肉である）。

クルーグマンは、「**私が貿易に関する自分の考えの誤りを認めたから、といって、それは〝ワシントン1990年、ネオ・リベラル派コンセンサス〟Washington Consensus と呼ばれる考え方とまったく同じではない。私はこのコンセサス（合意）に異議を唱えていたのだ**」と釘を刺した。

解説文 ここに出てくるネオ・リベラル派について解説する。

ネオ・リベラル派とは米民主党内の冷酷な改革派である。P131の表の中にいる。この表をしっかり見て下さい。〝1990年ワシントン・コンセンサス〟はネオ・リベラル派が作った。

「(この年に)悪《あく》の帝国であるソビエトは滅んだ。これからはアメリカが世界を一極《ユニポーラー》で支配する時代だ。それに応じて、民主党内からも大胆な改革を断行しよう」として生まれた思想派閥である。冷酷な政策集団と言ってもいい。

ネオ・リベラル派は、徹底的に自由貿易を支持する考え方である。福祉をあまり行なわず、財政を規律(財政赤字を減らすために政府の出費を削る)し、急速な民営化(プライヴェタイゼイション。本当は私有化)を行ない、そしてあらゆる規制《デレギュレイション》を撤廃することを推進する勢力だ。

日本で、このネオ・リベラル派の政策を、ガンガン推し進めた代表(アメリカが特別に抜擢《ばってき》して育てた人材)が竹中平蔵である。彼がネオリベ(ラル)思想を、アメリカで叩《たた》き込まれて、1990年に日本に持ち帰った。竹中がやったことは、アメリカの〝1990年ネオ・リベラル合意《コンセンサス》〟への対応(受け皿)そのものである。

ところが、竹中平蔵は、P131に載せた「アメリカ政界の思想派閥の全体図」の表の中の、共和党サプライサイダー（減税と民営化の推進）の政策も日本に導入する係であった。このことを説明し始めると大変なのでやめる。

訳文 先週、クルーグマンは、私（ハーシュ）に対して次のように言った。

「私たちが間違ったと認めたからといって、私たちを批判してきた人たち全てが、全て正しかったということにはならない。この指摘は重要だと私は思う。私たち（主流派の経済学者）を批判してきた人たちが、これまで何を主張してきたかが大切だ。**私が知る限り、貿易の分野で、中国がここまで巨大に成長することを予測した人はいなかった。**

中国のせいでアメリカの一部の地域に集中して（訳注。アメリカの中西部《ミッドウェスト》がとりわけ打撃を受けて、失業者が増え、ラスト・ベルト〈錆《さ》びついた地帯〉になったこと）、今の事態が起きたことについて、注目していた人はいなかったではないか」

英語原文 Krugman, in his defense, has always believed in protections for the middle class, including better health care and education (his old Times blog was titled "The

Conscience of a Liberal"), and he says now that just because he has admitted errors on trade doesn't mean he ever endorsed the so-called Washington Consensus—the neoliberal (that is, pro-free trade) view that regularly came down on the side of fiscal discipline, rapid privatization, and deregulation. "I guess the point is that conceding that we got some things wrong doesn't mean that every critic was right; it depends on what they said, and **as far as I know almost nobody foresaw the massive rise in trade or focused at all on localized regional impacts,**" Krugman told me last week.

ネオリベ派が主導した〝1990年コンセンサス〟

訳文 クルーグマンは、最近の論説で、次のように書いた。

「自由貿易の基調となった〝1990年コンセンサス〟に好意的だった私のような経済学者は、自由貿易が労働市場に与えた影響は、最小限度のものだろうと考えていた。

だから特定の産業部門と、地方の労働者たち（が失業している実態）に注目する分析的な研究手法に、私たちは目を向けなかった。

この手法を確立して、経済学会が採用していれば、その後の、短期的な動向をより良く理解できていただろうに。**この手法に目を向けなかったことについてだけは、私は大きな間違いをしたと認める。この間違いに私も手を貸した**」と。

英語原文 Krugman, in his new essay, admits that the economists like him in favor of the '90s consensus behind free trade—who thought that the effects on labor would be minimal—"didn't turn much to analytic methods that focus on workers in particular industries and communities, which would have given a better picture of short-run trends. **This was, I now believe, a major mistake—one in which I shared a hand.**"

“ヘリコプター・ベン”の異名で金融危機のときに中央銀行FRBがお札（紙幣）を刷ってバラ撒く係として“リーマン・ショック”用に周到に準備された男

第14代FRB議長（2006-2014年）。プリンストン大学経済学部長だった。日本の1930（昭和5）年の“昭和恐慌”時の高橋是清が行なった対策を研究した。それを“リーマン・ショック”対策に応用した。1980年代の日本のバブル経済と、その破綻の過程も研究した。

「デフレを克服するためにはヘリコプターからお札をばらまけばよい」と発言して“ヘリコプター・ベン”と呼ばれた。

ベン・バーナンキ

Ben Bernanke *(1953–　)*

ネオ・リベラル派を疑った戦略的貿易主義者たち

政府主導による大企業への戦略目標の設定

訳文 この政策論争に参加した人たちの中には、ダニ・ロドリック（P132〜133、P139に前出）、**ロバート・ライシュ**（前出）、そしてビル・クリントン政権で大統領経済諮問委員会CEA《シーイーエイ》委員長を務めた**ローラ・ダンドリア・タイソン女史**のように、急速なグローバリゼーションに深刻な疑問を持った人たちが確かにいた。この人々は、それまでの自分たちの自由貿易礼賛の考えに疑問を持つに至った。

タイソン女史は、（それまでの自分の考えを潔く変えて）アメリカの競争力を高めるためには、**政府主導の産業政策（インダストリアル・ポリシー government-led industrial policy。**大企業への政府からの命令）を強力に推し進め（るしかない、としてそれを実行し）た。

この当時は、冷戦の終結直後（1992年）であり、新たに自由化された国々（訳注。たとえば旧東欧の諸国）が、盛んに国際経済に参入するようになった。ところが、**クルーグマンは、（自由貿易主義者のくせに、なんと）急速なグローバリゼーションを激しく呪うがごとく嫌った。**

英語原文 Yet there were others in the policy debates—such as Rodrik, Reich, and Laura D'Andrea Tyson, who led former President Bill Clinton's Council of Economic Advisers—who were far more worried about rapid globalization. They dared to question the pro-free trade consensus or at least, in Tyson's case, to push for **government-led industrial policy** that would sharpen American competitiveness at a time when, after the Cold War, many newly liberalized nations were piling into the global economy at a great rate. **This idea also was anathema to Krugman.**

解説文 再び出てきたロバート・ライシュとネオ・リベラル派について、私は25年前（1995年）に、自著（P129に表紙）で、次のように説明している。

一九八〇年代に、民主党内の政治家・学者たちの中から、冒頭の八ページ（引用者注。本書ではP131）の表にある「ネオ・リベラリズム」を政策思想として主張する一団の人々が出現した。

このネオ・リベラリズム Neo-Liberalism を唱えるネオ・リベラル派 Neo-Liberal とは、リチャード・ゲッパート下院議員、ビル・ブラッドレー上院議員、女性問題で失脚したゲイリー・ハート元民主党大統領候補、ダニエル・パトリック・モイニハン上院議員（この人は前述の通り、ネオ・コンサヴァティヴでもある）らの有力な政治家であり、学者では、**レスター・サロー、ロバート・ライシュ**らである。

ネオ・リベラル派は、共和党内の穏健派の革新政策思想であるジャック・ケンプらのサプライサイダー Supply-sider（引用者注。これもP131の表にある）に対抗して打ち出された立場である。共和党内から若手政治家たちが、「減税と規制緩和による自由経済の活性化」を訴えてサプライサイド経済学 Supply-side Economics を唱えて台頭した。このとき、民主党内からも対抗して何かを出さなければならないと考えて出てきたのが、このネオ・リベラル派である。

MIT（マサチューセッツ工科大学）教授の**レスター・サロー** Lester Thurow の『ゼロサム社会』*The Zero-Sum Society*（一九八〇年）は、一九八五年に、日本でも翻訳されて話題になった。

この本では、「政府から企業に対する補助金のカット」が大胆に提起された。「たとえ大企業の経営が行き詰まった場合でも、従来のように政府からの補助金を湯水のようにつぎ込むわけにゆかない（日本で言えば、不況カルテルや租税《そぜい》特別措置法による減免税による業界救済策などがそうだ）。どうしても補助金が欲しければ、労使合意の上の経営改善計画書を提出しろ」という内容だった。

ネオ・リベラル派きっての理論家の**ロバート・ライシュ** Robert Reich は、『ザ・ワーク・オブ・ネイションズ』*The Work of Nations*（一九九一年）を書いた。この本でライシュは、福祉の行き過ぎによる政府の重病人化をとらえて、「これ以上政府にたかるのはやめよう」という、ミルトン・フリードマンばりの、考えを提出した。

ライシュはフリードマンとはちがって、「free lunch（タダ飯）を食うな」とは言わず、「free loader（タダ乗り）をするな」と書いた。

一九八〇年代の不況にあえいでいたアメリカ経済をどうやったら立て直せるか、ということで、共和党からの「反《はん》福祉。反《はん》平等主義。ばらまき福祉反対。そうしないと政府の巨額の財政赤字が解決しない」、と追及された。これに、苦し紛れに、民主党内から提出されたのが、このライシュやサローのネオ・リベラリズムだった。

そして、このネオ・リベラリズム派が唱えたのが「産業政策論」である。

（『世界覇権国アメリカを動かす政治家と知識人たち』P138—139）

私は、25年前にこれだけのことを、はっきりと書いた。ところが、この内容を25年たった今でも正確に理解できる日本知識人はいないだろう。

私の右の文が、現在のアメリカの知識人たちに共有されている知識内容と完全に一致していることに、そろそろ気づきなさい。

ここで一言だけ付言《ふげん》しておく。オーストリア人の大《だい》経済学者で、シカゴ学派の創設者であるフリードリッヒ・ハイエク（P263）が、1950年代から唱えたのは、ニュー・

リベラリズム（新《しん》自由主義）である。

ニュー・リベラリズムとネオ・リベラリズムはちがう。ちがうものはちがう。このことを私は、25年前に、前掲書で書いている。日本のバカ知識人たちは少しは反省しなさい。お前たちは、ニュー・リベラリズムとネオ・リベ（ラリズム）の区別をできないまま、今も生きているではないか。ハイエクについては、第5章で説明する。

オーターによる産業政策批判

訳文 オーター（MIT教授）は、次のように述べている。

「ダニ・ロドリック（ハーヴァード大教授）は、あの頃、ちょっと先に行き過ぎていた。彼は、突然起きる（経済）ショックそのものを心配していたのではない。

彼はグローバリゼーションに当然に付きものの、（規制撤廃《デレギュレイション》による）**開放経済** open economies に基づく政策オプションの実行に疑問を持っていた。

それよりも、社会保険制度への国の資金供給や、増大しつつあった、国家間を急激に移動する投機資金（ショート・マネー）を規制する課税などの選択肢を提言していた。

ダニ・ロドリックの提言が問題の核心だったし、今もそうだ。

一方、ローラ・タイソンは積極的な産業政策（訳注。政府主導による大企業への戦略目標の設定）を主張した。

その当時、産業政策は、政策の分野におけるヴォルデモートVoldemort（訳注。ファンタジー小説『ハリー・ポッター』に出てくる悪人の魔法使い）のような存在であった（訳注。企業だけでなく皆に嫌われていた）。

オーターを筆頭に、クルーグマンのこれまでの業績を詳細に調べて批判した人たちは、クルーグマンを一定程度評価している。

「正しい産業政策《インダストリアル・ポリシー》は、特定の産業部門（訳注。たとえば半導体やロボット）に競争力を持たせるのに役立つことは当然のことだ、とクルーグマンは当時からきちんと理解していた」と。

しかし、オーターは、はっきりと書いている。

「(クルーグマンたち主流派の）経済学者たちは、当時、自分たちが、産業政策によって競争力が高まる、と声高に主張するのは危険だ、なぜなら、それは、落ち着きのない子供に実弾が入った銃を渡すのと同じで、政策立案者たち《ポリシーメイカー》（官僚と政治家）に危険な武器を渡すことになる、と（クルーグマンたちは）恐れていたようだ、と私（オーター）は当時（善意で）考えた」と。

英語原文 "Dani was way ahead of his time," Autor said. "He was worried not about sudden shocks per se but about the way that globalization hemmed in the policy options of open economies (options for financing social insurance, taxing increasingly mobile capital, etc).

That was and is a deep point. ... Meanwhile, Laura Tyson was advocating forward-looking industrial policy at a time when industrial policy was the Voldemort of policy tools." Those who have studied Krugman's work closely, like Autor, say that of course he understood that just the right kind of industrial policy could help build competitive sectors.

But Autor added: "I suspect that economists feared that stating these points aloud to policymakers would be like handing a loaded weapon to a impetuous child."

解説文 ハーシュは、ここにローラ・タイソン女史のことを、当時産業政策の強力な推進者だったと書いている。

タイソンは、この頃1990年代のクリントン政権で、自分自身が、CEA委員長になり政策実行者（ポリシー・エクセキューター）になって現実とぶつかって苦労した。日本との貿易交渉（通商協議）も担当した。だから考えを変えてⒷの戦略的貿易主義者に転向したのだ。

市場への政府の介入は必要だったのか

訳文 クルーグマンは、「自由貿易への疑いや疑問を持つことは、全て誤った経済学だ」と言った。「他の国々の動向について心配し過ぎてはいけない。全ての国が開かれた貿易ができることで、利益を得ることができる。比較優位（コンパラティブ・アドヴァンテッジ comparative advantage）という新古典派《ネオ・クラシカル》の理論（訳注。1817年にリカードゥが主張した理論。新古典派もこの考えを引続いた。前の方のP155～156で解説した）のおかげで世界経済に安定がもたらされる」と。

これに対して、「市場への政府の介入が必要だ」とか、「自由貿易よりも公平な貿易を」（訳注。**アメリカの貿易赤字に対して相手国である外国が、不公平《アンフェア》だ、と高い関税をかけること。今トランプ大統領がこれをやっている**）などの主張を行なった人々は、**保護貿易主義者（プロテクショニスト）**のレッテルを貼られ、経済学者の議論から締め出された。

（1990年代の）クリントン大統領は、〝グローバリゼーション大統領〟という評判を取っていた。それでも彼は外国との競争力を失った産業に従事している人々（訳注。即ち失業してそうな労働者たち）の運命についての会議を開くなどしていた。

このときの、労働長官は**ロバート・ライシュ**で、クリントン大統領がローズ奨学生としてオックスフォード大学に留学していた時からの友人であった。クリントン大統領が、国家財政の赤字削減を（苦労して）熱心に進めていた時期に、ライシュは、（失業した労働者たちへの）教育、訓練、社会資本への再投資など（カネのかかること）を公の場で主張した。そのためにライシュは、クリントン大統領から（嫌われ、閣僚たちの）会話から締め出され、遂には政権から去ることになった。

英語原文 It was all just bad economics, Krugman said. Don't worry so much about what all the other countries are up to; things will even out thanks to neoclassical concepts such as comparative advantage, which allows all nations to benefit from open trade.

Indeed, those who advocated anything resembling government interference in markets and "fair trade" (more tariffs, unemployment insurance, and worker protections) over "free trade" were usually branded protectionists and excluded from the debate. Clinton, reveling in his reputation as the "globalization" president, barely held a meeting on the fate of the industrially displaced.

When his old Rhodes Scholar pal from the University of Oxford, Labor Secretary Reich, openly advocated reinvestment in education, training, and infrastructure at a time when Clinton was keen on deficit-cutting, Reich was also edged out of the conversation and, eventually, the administration.

包括貿易法スーパー301条の復活

解説文 ここに出てくる保護貿易主義者（P135の表のⒸ）とは何か。

これまでのハーシュ論文の流れから分かるとおり、Ⓐ自由貿易礼賛（クルーグマンたち）に対して、それを修正する政策実行者たちからⒷ戦略的貿易主義者たちが生まれた。だが、そんなものでは済まない、と、外国に対しもっと強硬な態度を取るべきだ、と主張する立場が出現した。それが、Ⓒの保護貿易主義者たちである。

1980年代にアメリカに出現して大騒ぎになった。「このままではアメリカ国内の産業が衰退して失業者がもっと増える」と危機感を露わにした。その代表が前出した政治家のリチャード・ゲッパートであった。このことについて私は25年前の自分の前掲書で次のように書いた。

> リチャード・A・ゲッパート民主党下院議員の名前は、日本でもよく知られている。一九八八年に貿易問題における「ゲッパート修正法案」Gephardt Amendment の法案提出者として、アメリカ国内で有名になった。彼は、大統領になることを考えている

一人だ。

ゲッパート修正法案は、正しくは、「ベルツェン＝ロステンコウスキィ＝ゲッパート修正法案」といい、この三人の共同提案（議員立法）の形を取った。一言で言えば、アメリカの国内産業保護のための保護貿易主義の法律である。

その内容は、「アメリカ国内」への輸出がアメリカからの輸出の五五％以上超過する国に対しては、アメリカへの輸出に際して二五％の超課金（制裁関税）を課す」という法律である。「包括貿易法スーパー301条」Super 3《スリー》 0《オウ》 1《ワン》は、これの具体化である。

（『世界覇権国アメリカを動かす政治家と知識人たち』P146）

なんと、トランプ大統領が、今これをこのまま使っている。この「外国への25％の超課金（制裁関税）を課す」を、中国に対して、2018年の3月から言いだした。これが米《べい》中《ちゅう》貿易戦争の始まりであった。

今もこの泥沼の戦いが続いている。まさしくここでトランプが、引っぱり出してきた刀《かたな》（伝家《でんか》の宝刀《ほうとう》）が、「ゲッパート修正法、スーパー301条」なのである。最近の日本の新聞でこのことを書いている論説文を私は知らない。

トランプは、若い頃（1987年、41歳まで）は民主党員でゲッパート主義者であった。

このことは、前の方のP33に記した。ゲッパート議員のことについても説明した。

私たち日本人に一番、衝撃的であったのは、日本車が激しくハンマーで打ち壊される光景《シーン》である。今、この写真（P33とP147に載せた）を見ても、ゾッとする。

何で、こんなヒドいことをアメリカの労働者たちはするのか。しかも自動車労組《ろうそ》の組合員たちが。当時私は30才だった（1980年）。ニューズを見ていても何のことだか、分からなかった。誰もきちんと説明してくれなかった。まともなニューズ解説などなかった。なぜUAW《ユーエイダブル》（全米自動車労組《オートワーカーズ・ユニオン》）が、こんなにも日本車の輸出ラッシュ（攻勢）に怒り狂ったのか。中古の日本車を無惨に叩き壊していた。

私たちはこのハーシュの文を読むことで今頃になって、ようやくこの問題について、はっきりとその全体像が分かったのである。

世界に蔓延するスウェットショップ（奴隷工場）経済

見落としていた途上国の低賃金労働

訳文 クルーグマンは、国際貿易が、いかに低賃金の労働者に影響を与え、収入格差（貧富の差）を拡大させたのかについては、「（そのことでは）私は小さな読み違いをした」と責任を認めている。この態度は間違ってはいない。

しかし、冷戦終結（1991年）後、貿易をめぐる議論が、**自由市場（即ち規制をするな）対《たい》政府の介入（即ち大企業を規制せよ）をめぐる、より大きな規模の学問的争いの代理戦争となった。**

クルーグマンは、**戦略的貿易主義者**《ストラテジック・トレイダー》たちを、経済学を知らない、無知だとして攻撃した。それに対し彼ら戦略的貿易主義者は、「発展途上国の低賃金労働global sweatshop economy《グローバル・スウエットショップ・エコノミー》との競争で、アメリカの雇用と賃金は深刻な影響を受けている」と主張した。

ワシントン・ポスト紙の記者を務めたジャーナリストのウィリアム・グレイダーは、詳細な調査をまとめた著書『統合される世界に向かって準備は出来ているのか――国際資本主義についての激しい議論』*"One World, Ready or Not: The Manic Logic of Global Capitalism, 1998"*を書いた。この中で、「発展途上国が先進国に向けて、輸出大攻勢をかけるようになった。こうなると、アメリカ国内に、誇らしい勝者となる産業部門と、そうではない無残な敗残者となる産業部門が出てくる」と警告を発した。クルーグマンは、このグレイダーの本を、「最初から最後まで愚かな内容の本だ」と切って捨てた。

高名な評論家であるマイケル・リンドも、「アメリカの生産性上昇の進み具合では、このままでは世界規模の過酷な**低賃金労働（訳注。スウェット・ショップ。後進国に見られる汗だらけの児童虐待の奴隷工場）経済**に太刀打ちできないだろう」と正確に主張していた。

これに対して、クルーグマンは、「リンドは、経済的な〝諸事実〟について全く無知だ。リンドは誰かからの案内や指南がなければ、1つの分野できちんとした言論の仕事ができない人だ。そんな人物の言うことなど信頼することはできない」と切り捨てた。

クルーグマンは、自分と同じ分野を研究する仲間の経済学者たちに対してさえも、自由貿易についての〝1990年コンセンサス（合意）〟に疑いの目を向けた者に対しては、同様に辛辣《しんらつ》だった。

ローラ・タイソン女史が、1993年にクリントン政権の大統領経済諮問委員会（CEA《シー・イー・エイ》）委員長に選ばれた時、クルーグマンは、「タイソンには、（経済学者としての）〝必要不可欠な分析スキル〟が欠けている」と発言した。

英語原文 Krugman maintains that his new mea culpa "was a fairly narrow one" about how trade would affect lower-wage workers and exacerbate inequality. That is true. But after the Cold War ended, the debate over trade (Krugman's Nobel-winning specialty) became a proxy for a larger intellectual struggle over free markets versus government intervention.

And Krugman played a major part in attacking what he saw as economic ignorance by “strategic traders” who argued that U.S. jobs and wages might be seriously affected by competition from cheap labor in the developing world.

When William Greider, the former Washington Post journalist, warned in a deeply reported book called *One World, Ready or Not: The Manic Logic of Global Capitalism* that developing nations were gearing up for major industrial competition that would mean “[s]ome sectors of Americans are triumphant and other sectors are devastated,” Krugman called it a “thoroughly silly book.” When Michael Lind, another prominent public intellectual, suggested (accurately) that U.S. productivity growth might not be enough to offset **“the global sweatshop economy,”** Krugman declared Lind to be ignorant of economic “facts” and said that “one should not expect someone who does not work in the field to be able to get it right without some guidance.”

Krugman was no less kind to fellow economists who dared to question the free trade consensus. When Tyson was chosen to head Clinton’s Council of Economic Advisers in 1993, Krugman said she lacked the “necessary analytical skills.”

1980代から起きた先進国の空洞化

解説文 ここに出てくる「スウェット・ショップ・エコノミー」とは、後進国で今も行なわれている奴隷労働的な低賃金で工場で、一日に16時間こき使うような労働環境だ。しかも12、13歳の児童を時給1ドルで働かせていることが多い。アメリカでまず問題になったのは、スポーツ用品のナイキである(1997年)。

それではこのスウェット・ショップ労働とアメリカの工場労働者たちの労働は、果してどちらが労働生産性(プロダクティヴィティ)が高いか。

ここでもアメリカ経済学は大きな間違いを犯した。

これまでアメリカの経済学者たちは、「アメリカの工場労働者たちの生産性の高さは世界一である。それに比べて(たとえば)日本の生産性はきわめて低い」とずっと書いてきた。これが大ウソだった。

実は、最新技術を導入した工場で、後進国の労働者を低賃金でコキ使うほうが、ずっと生産性は高いことが、遂にバレたと言うか、判明した。このときアメリカの労働者の生産性は世界一高いと書いた多くのアメリカ経済学者の論文は破綻した。ゴミくずの山だ。なぜなら最新鋭の生産設備を海外に移して、そこの労働者を効率的に働かせることができる企業の生産性が一番高いに決まっている。だから前出（P155～156）した「リカードゥの比較優位説」は崩壊した。

しかもそれを、例えばベトナムのような勤勉で安価な労働力によって生産するとアメリカ国内で生産する企業は全く立ち打ちできない。

だから先進国の工場を、海外に移すことが1980年代から起きたのである。日本でも激しく起きた。北関東一帯の電機会社の工場はどんどん東南アジアに移転した。これによる国内産業の空洞化《くうどうか》のことをホロウ・アウト hollw-out（ぽっかり穴があくこと）と言う。あとに解雇された失業者が残された。

大企業の場合、子会社の工場群《ぐん》まで引き連れて（たとえば中国に）移転した。このことで、中国が繁栄《はんえい》した。そしてアメリカを打ち倒しそうな勢《いきお》いになっている。

後進国のスウェット・ショップ（奴隷工場）が、消えてしまったわけではないが、先進国の学者たちの議論としては消えてなくなった。

最新式の機械を一式導入して生産すれば、生産性が一番高いことが判明した。アメリカの経済学者たちが、声高に主張してきた「日本の生産性は低い」というのはウソだった。

彼らは自分たちの大きな間違いを訂正し謝罪することもなく、この議題《テーマ》から逃亡した。

これもアメリカ経済学がインチキ学問であったことの証明のひとつである。

ローラ・タイソン女史については、私の前掲書のP142に出てくる。CEA委員長として、ロバート・ライシュと一緒に動いた。クリントン政権内でミッキー・カンター（ビル・クリントンのご学友。次に引用する）の後方《こうほう》に付いて、日本への圧力を強力に後押《バックアップ》しした。


クリントン政権（一九九三―二〇〇〇年）に入っているネオ・リベラル派官僚のうちの通商問題担当《トレイド・トークス》だった、たとえば後述するミッキー・カンターなどが何をやったか。ミッキー・カンターが唱えたのが、「日本ぶったくり」であった。「日本はずっとアメリカにタダ乗りしてきた」「これまでタダで日本を守ってやってきた分を、報酬請求しようではないか」ということである。

すなわち、日本（あるいは東アジア諸国）との「貿易赤字を、外交交渉で政治的に圧力をかけて減らす」という外交戦略である。これも「産業政策論」である。それを制度化したものが、クリントン政権の目玉となった、NEC《エヌイーシー》（国家経済会議 National

Economic Council）創設である。

クリントンは、このNECを大ゲサにも、従来からある「国家安全保障会議」（NSC《エヌエスシー》 National Security Council）、わかりやすく言えば「最高国防会議」と同格のところまで持ってきて、このNSCと並んで大統領の直属とした。

ところが、貿易は生きた経済取引であるから、国際経済（学）の対象であって国際政治（学）の対象ではない。世界政治の実態に従って決まるものである。それを国際政治学的に是正しようとしてもうまく行くはずがない。

このNEC戦略は、共和党系の人々からは、はじめから無理な話だと冷ややかに見られ、非難された。しかし、だからと言って共和党系の人々も、それではアメリカの抱える巨額な貿易赤字（トレイド・デフィシット trade deficit）をいったいどうしたらいいのか、と問われたら、答がわからない。

このNECメンバーで対日交渉の責任者だった強引なミッキー・カンター Mickey Kantor は、日本の新聞では「米国通商代表部代表」（USTR《ユーエスティーアール》 The U.S. Trade Representative）と報道されるが、このUSTRという職は、政府閣僚である。ミッキー・カンターは、だから長官のひとりなのだ。王様（王国）のいない国の閣僚を大《だい》臣《じん》と読んではいけない。長官である。

（『世界覇権国アメリカを動かす政治家と知識人たち』Ｐ１４１―１４２）

このようにしてＮＥＣという大統領直属の経済貿易問題を扱う政策実行機関を、クリントン時代に作った。

共和党はこれを嫌った。なぜなら企業の活動に政府が口出しし介入することを嫌うからだ。共和党を作っている中心の勢力は企業経営者だからである。

だから共和党政権になるとＮＥＣは捨てられた。

ところが、トランプ政権は共和党なのに、このＮＥＣを復活させこれを活用して対外《たいがい》政策の要《かなめ》にしている。このＮＥＣの実行部隊がＵＳＴＲと商務省《コマース》なのである。今のＵＳＴＲ代表は、ロバート・ライトハイザーである。

後進国にサプライチェーンも移動

訳文 世界に開かれた貿易と、比較優位理論（訳注。すでにＰ１５５～１５６で説明した）という昔から正しいとされてきた主張に、全く説得力がなくなった。世界規模での供給《サプライ》チェーンのような新しい現象に取って代わられた。このことに興味関心を持つ人々が増えた。

世界規模での供給チェーンによって、海外に雇用が移転することで、世界の先進地域《リージョン》（米、欧、日）からの雇用が消えてしまった。

クルーグマンは、彼自身が２００８年に発表した論文で、「超《ちょう》複雑になった供給チェーンのために、世界貿易の性質が変化している。この変化の速度は、正確に量的《りょうてき》分析（クオンテイテイタブ・アナリシス）をやろうとする経済学者の能力の速度では、とても追いつかない」と結論付けた。

英語原文 But there were plenty who did pay attention to how the old verities about open trade and comparative advantage were no longer as telling, displaced by new trends such as global supply chains, which shifted huge numbers of jobs overseas and took out whole communities.

Krugman himself eventually concluded in a 2008 academic paper that because of these

supercomplex supply chains, "the changing nature of world trade has outpaced economists' ability to engage in secure quantitative analysis."

解説文 ここに書かれていることは、工場が海外の後進国に移転することで、その国の雇用は増える。だが、元の先進国にあった雇用は消えるから先進国の労働者たちが失業した。

このことを巡って2000年代からアメリカの経済学者たちが、学会で激しく議論するようになった。

そしてクルーグマンが、その両者の争いをまるで他人《ひと》事《ごと》のように傍観して、この文の中で、「超複雑になった供給チェーン」（スーパーコンプレックス・サプライ・チェーン）という言葉を編み出して、「これは自分たちの能力を超えている」と言い訳した。これもクルーグマン一流の逃げの論理である。

中国の巨大化を生んだ2000年のWTO中国加盟

チャイナ・ショックと高潮《たかしお》防御

訳文 かつて国家経済会議（NEC《エヌイーシー》）委員長を務めたジーン・スパーリング（1997～2001年）をはじめ、クリントン政権時代の高官たちは、「この問題の議論は、当時はそこまで激しいものではなかった」と証言している。

スパーリングは私に、「クリントン大統領は中産階級《ミドル・クラス》に気を配っていた」と述べた。スパーリングは次のようにも語っている。

「民主党がクリントン政権後も引き続き権力を握っていたら（訳注。2000年の大統領選挙で、クリントンの副大統領だったアル・ゴアがブッシュ〈子〉に負けた。もしアル・ゴアが勝利していたら、という意味）、アメリカ政府は中国が貿易の規範《ルール》をもっと守るようにと、強い圧力をかけただろう。

（民主党政権だったら）〝高潮防御《アンタイサージ》〟anti-surgeのためのアメリカへの輸出規制を中国に強く要求しただろう。

（その前年の）1999年に、クリントン政権は、中国の世界貿易機関《ワールド・トレイド・オーガナイゼイション》（WTO）への加盟をめぐる交渉を行なっていた際に、中国が輸出自主規制をすることを中国のWTO加盟のために必ず満たすべき必要条件としていた（訳注。ところが、クリントン政権は2000年で終わってしまったので、この交渉は中途半端に終わった。そのために、中国は、2000年にまんまとWTOに加盟することができた）。

具体的には、中国からの低《てい》価格の製品の激しいダンピング輸出で、アメリカの雇用が減少している事態を阻止する政策を実施していただろう」

スパーリングは次のようにも書いた。

「アメリカ国民は、（2000年の大統領選挙で戦った）アル・ゴア（民主党）とジョージ・W・ブッシュ（共和党）との唯一の違いは、イラク戦争をしない、するについてであった、と今でも考えている。

だが、もう1つの大きな違いがあった。アル・ゴアだったらアメリカ国内の製造業を守ることに関して、ブッシュがやったよりもはるかに大きな、そして多くのことを、やったであろう」と。

『ワシントン・ポスト』紙で経済専門記者を務めたポール・ブルースタインは、新著『決裂する中国とアメリカ　そして、崩壊する国際貿易システム』"*Schism: China, America, and the Fracturing of the Global Trading System*"の中で、「ブッシュ政権は中国にあまりにもやりたい放題にやらせ過ぎた」と結論付けている。

中国は輸出を加速させるために、人為的に通貨価値の切り下げ（人民元の切り下げ）を行なった。こうしたことを受けて、**トランプ大統領は今、「アメリカ経済は中国に〝レイプ〟された」とまで主張している。**

英語原文 Some ex-Clintonites such as Gene Sperling, the former head of the National Economic Council, argue that the debate was never so stark. "Clinton cared about the middle class," he told me. And had the Democrats continued in power, they would have worked much harder to bring China into compliance with trade norms, for example by enforcing "anti-surge" protections—required of China as part of its World Trade Organization membership negotiated by Clinton in 1999—against the dumping of huge amounts of cheap product that undercut U.S. jobs, Sperling said.

"People think that the only difference with Al Gore [in the 2000 presidential election] was the Iraq War, but another huge difference would have been that Gore would have gone way beyond anything [George W.] Bush did to protect manufacturing," Sperling said.

(A new book by the former Washington Post economics reporter Paul Blustein, *Schism: China, America, and the Fracturing of the Global Trading System,* also concludes that the Bush administration let China get away with far too much, including artificially devaluing its currency to boost exports—which led ultimately to Trump's claim that **China had committed "rape" of the U.S. economy.**)

解説文　トランプは、アメリカは中国に貿易でレイプ（強姦）されているとまで下品なことを言った。下品きわまりないが、あけっぴろげて正直と言えば正直だ。

そして、2001年から始まった共和党のブッシュ（子）政権は、すぐに始めた中東での戦争、即ちアフガニスタン戦争とイラク戦争に集中したので、貿易と経済問題には全く関心を持たなかった。

2001年から中国は、「これはシメシメだ」と世界各国に自由にガバガバと輸出できるようになった。そして毎年巨額の貿易黒字を生むようになった。

この貿易黒字が、経済成長率の激しい上昇を生んだ。GDP（国内総生産）で平均で前年比《ひ》で10%の経済成長を実に30年間続けた。

そのことが、今の中国の巨大化を生んだ。今ごろアメリカが、このチャイナ・ショックに慌てても、もう遅い。

労働市場は調整されず。スティグリッツの反省

スティグリッツも失敗した

訳文 グローバリゼーションを強固に支持する〝1990年合意〟に対して、この概念をめぐる深刻な議論があった。こちらもノーベル経済学賞を受賞した経済学者だが、**ジョセフ・スティグリッツ**は、前述のロドリックと同様に、すでに早く1990年代に、「貿易と資本移動に関する障壁を、あまりにも早く撤廃することは危険だ」と警告を発していた。

スティグリッツは私に語った。「〝標準的な新古典派経済学《ネオクラシカル》による分析〟では、調整《アジャストメント》という考えが大事である。ところが、（クルーグマンたちは）これに注目をしなかった。**労働市場の調整は、驚くほど安上がりで済む**（そのためコストはほとんどかからない）、と新古典派経済学では考えてきた」（訳注。これは新古典派の教条《ドグマ》だ。これ

「クルーグマンくん。ようやく君も分かってくれたかね」。クルーグマンに小《こ》馬鹿にされながらも、陽気に生きて、時々、新興国の味方として助言をした人物

写真：Getty Images

ジョセフ・スティグリッツ

Joseph Stiglitz （*1943−* ）

コロンビア大学教授。クリントン政権では、米国大統領経済諮問委員会（CEA）委員長（1995-97）を務めた。世界銀行（ワールドバンク）の主任エコノミスト（97-2000）。このときアメリカのグローバリズム路線を公然と批判して、ニューヨークの金融界から嫌われた。2001年にノーベル経済学賞を受賞。2007年から起きた世界金融危機を予言して、リーマン・ショック（2008）後は新興諸国のアドヴァイザーにもなった。

が大間違いだった）。

前記のタイソン女史とライシュ同様、スティグリッツもクリントン政権下で大統領経済諮問委員会（CEA）委員長を務めた（訳注。1995～97年に。クルーグマンは、1982～83年に29歳の若さでCEA委員を務めた）。

この当時、スティグリッツは、主流派からすれば外《はず》れ者 outliner《アウトライナー》 であった。彼は、国際規模での資本の流れのペースを緩《ゆる》やかなものにする理論作りを試みた（訳注。だが成功しなかった）。スティグリッツは、「**通常、（外国との貿易競争によるアメリカ国内の）雇用の喪失のペースは、（アメリカ国内で）新たに雇用が創出されるペースよりもかなり速い**」と主張した。

英語原文 But there were deeper conceptual problems with the pro-globalization consensus as well. Another Nobel-winning economist, Joseph Stiglitz, who like Rodrik warned back in the '90s of the disruptive effects of too rapid lowering of trade and capital barriers, told me that the problem with "standard neoclassical analysis" was that it "never paid any attention to adjustment. Labor market adjustment miraculously happened costlessly." Like Tyson and Reich, Stiglitz, who served as a chair of Clinton's Council of Economic Advisers, was an outlier at the time, seeking (but failing) to slow the pace of international capital flows. **He also argued that "typically jobs were destroyed far faster than new jobs were created."**

訳文 **スティグリッツ**は、『フォーリン・ポリシー』誌に記事を掲載し、次のように書いた。「はっきりしているのは、**（グローバリゼーションの）コストは、特定の地域、特定の場所にのしかかる性質がある。**これまで製造業が成り立っていたのは賃金が低い場所（や国）だった。

こうした場所では、雇用の調整《アジャストメント》コストは大きなものとなる。また、グローバリゼーションの有害な影響は、一時的な潮流（トレンド）ではないことが明らかになった。アメリカ政府は、発展途上国との貿易を急速に自由化した。そして、それに伴う投資協定を結んだ。これによって**アメリカ国内の労働組合の弱体化と、労働関連の法規や規制の変化によって、アメリカの労働者たちの交渉力低下という劇的な変化が起きた**」と書いた。

As Stiglitz put it to Foreign Policy: “**Obviously, the costs** [**of globalization**] **would be borne by particular communities, particular places**—and manufacturing had located [to] places where wages were low, suggesting that these were places where adjustment costs were likely large.” And it’s increasingly clear the detrimental effects may not be merely short-term trends. The swift opening up of trade with developing countries, combined with investment agreements, **has “dramatically changed workers’ bargaining power** (**an effect reinforced by weakening unions and other changes in labor legislation and regulation**).”

〈了〉

アメリカの対外経済政策で叩き潰された日本

解説文 これでM・ハーシュのクルーグマン叩《たた》きの文は終わりだ。ここでスティグリッツ（クルーグマンよりも10歳上）が、労働市場（雇用）における調整（アジャストメント）機能のことを指摘している。この問題は非常に重要である。

クルーグマンたちアメリカの主流派経済学にとっては、調整は自動的に起きる。

主流派である新古典派《ネオクラシカル》はポール・サムエルソンによって、アメリカで1950年代に完成し大成された。このサムエルソンの愛《まな》弟子がクルーグマンである。クルーグマンたちは労働市場が持つ自動調節機能《オートマティック・スタビライザー》を過信した。

（新）古典派にとっては、「完全に自由市場《フリーマーケット》、自由貿易《フリートレイド》が行われていれば、失業は起きない」「失業が起きても、ただちにかつたいした費用もかからずに失業はなくなる」「それは完全な自由市場では市場の最適状態（オプチマル・コンデション）が満たされるから調整（アジャストメント）が働いて、失業は消える」「失業が有るとすれば完全な自由市場、自由貿易でないからだ」と考える。

新古典派というのは、ここまで秩序、体制派なのだ。現実の世の中を見ようとしない。だからケインズが怒ったのだ。このことについては、第5章でも説明してある。

アメリカ企業が外国にどんどん移転して（70年代にはまずメキシコなどの中南米諸国だった）現地の安価な労働力を使って安くてできた製品をアメリカ国内に持ち込んだ。それで、国内の同業他社を競争で打ち負かした。

このことでアメリカ国内が、まず繊維《せんい》産業から衰退を始めた。その始まりの典型が、1

972年の「日米繊維《せんい》交渉」だった。ニクソン大統領は、国内の激しい圧力を受けて、日本からの安価で高品質の繊維業者らの輸出をどうしても政治的に食い止めなければならなかった。

このとき、田中角栄が能力を発揮した。日本全国の繊維業者の高性能の自動織機《しょっき》を、1台1億円で政府が買い取った。そして全てを叩き壊して廃棄した。そうやって繊維業者たちを廃業させた。その前任の佐藤栄作首相では、この荒技はできなかった。佐藤は辞任した。

このように、国内産業を外国からの輸入ラッシュから防御することが、皮肉なことに超大国であるアメリカの国内経済政策の中心になった。アメリカ合衆国全土の地方都市から繊維工場が消えたのだ。日本でも消えた。

そして13年後の1985年から、「日米半導体《セミコンダクター》交渉」があった。これで日本の大手電機会社の世界最先端だった優秀な半導体づくりが壊された。

それから10年して1995年に「日米自動車交渉」があった。このことは前述したゲッパート修正法スーパー301条（1985年）が有《あ》っても日本からの自動車輸入ラッシュは止《と》まらなかったことを意味する。

だが、「日米自動車交渉」（1995年）の激しいやりとりは、表面のやらせだったのだ。アメリカ（このときはクリントン政権）の真の狙いは、日本の金融（大銀行の護送《ごそう》船団方式）を叩き潰《つぶ》すことであった。そして、日本は、まんまと金融体制を破壊された（1999年、日本の銀行危機）。

このとき、小渕恵三首相が、「オレは100兆円の借金王だー」と苦しんで、脳出血で死んだ（2000年5月14日）。日本政府はこの時期に、合計150兆円の国家資金（公的資金）を使って倒れかかっていた全ての銀行（地方銀行や信用金庫も含む）を救済した。

このときポール・クルーグマンが、「日本のやり方は間違っている。日本政府は民間銀行を安易に救済せずに、きちんと破綻処理させるべきだ。まるで社会主義国のやり方である。バカだ」（2000年4月）と書いた。

ところが、何と。それから8年後、即ち2008年9月に、「リーマン・ショック」がニューヨークで勃発した。これは明らかに世界規模の金融恐慌だった。

瞬間的には、ニューヨークのほぼ全て（ゴールドマン・サックスを除く）の大銀行と投資銀行《インベストメントバンク》（大証券会社のこと）が、破綻《はたん》したのである。大変な金融危機であった。これを、始まったばかりオバマ政権が、政府資金を一挙《いっきょ》投入して救済した。最初からそのように仕組んだのだ。

このときクルーグマンは、驚くべきことに日本に謝罪した。「私は日本に謝らなければいけない。今、アメリカ政府がやっていること（政府の資金を使って銀行をまとめて救済した政策）は、（2000年に）日本がやったことと全く同じだ」（2009年4月13日）と書いた。このようにクルーグマンは、日本に謝罪して、自分の誤りと、先見《せんけん》の明《めい》の無さを恥じた。

このクルーグマンの天真爛漫《らんまん》の性格の明るさは、自分が〝斯界《しかい》の第一人者〟であるから誰にも遠慮しないで、好き放題言える（書ける）ことの表《あらわ》れだろう。いい気なものだ。

クルーグマンとともにアメリカ経済学は滅んだ

アメリカの工場が外国に移転したことで国内に労働者の失業が大量に生まれた。しかし、この失業者たちは、前述したとおり、新古典派の「失業は存在しない」のドグマ（教条）により、自力で別の仕事（就職先）を見つけることができるはずだ、とクルーグマンたちは考えた。

「失業は存在しない」はヨーロッパで始まった18世紀からの経済学《エコノミクス》という学問《サイエンス》の基本骨格である。

「商品（製品）が売れなければ、労働者の賃金を半分に減らせばいい。商品は（市場《マーケット》に出したら）必ず売れる」（セーの法則）という考えでできているからだ。これが経済学という学問の始まりである。

元々《もともと》このように冷酷なものなのだ。「企業（会社）に利益が出なければ、労働者（従業員）をまとめて解雇（首切り）して廃業すればいい」という考えでできている。

そして「景気が再び良くなりそうだったら、労働者を雇い直して、また商品を作って市場に出せばいい」と考えるのである。

これが、古典派《クラシカル》と呼ばれる近代経済学の骨格（基本思想）である。アダム・スミスとリカードゥである。そしてこれを新《しん》古典派経済学として大成したのが、第2章で詳述したアルフレッド・マーシャルである。このマーシャルより40歳下の弟子が、ジョン・メイナード・ケインズである。

ケインズは、経済学を少しでも知っている人なら、知っているとおり「セーの法則」をひっくりかえした。否定した。そして創ったのが「有効需要《エフェクティブ・デマント》（を人工的に作り出すべきである）の原理」である。

ケインズは、前述した、Y＝C＋Iの式のC＋I（国民需要＝有効需要）を喚起して、政府が元気を出させて大量に失業している労働者たちを救出すべきだ、と説いた。

ケインズは、「政府は労働者に（政府自身が大借金をしてでも）職を与えるべきである」という新《しん》思想を作った。これがケインズ革命である。

だからケインズは「修正《しゅうせい》資本主義」とも呼ばれて、カール・マルクスの社会主義《ソシアリズム》の、「暴力に訴えてでもブルジョア政府（資本家の利益団体）を打倒する」という思想と、対決する思想として現在も存在する。

ケインズだけが、ズバ抜けて偉大だった。「国家を経営する思想」はケインズひとりだけが、今でも作った大《だい》ドンブリ理論であり、大風呂敷《おおぶろしき》である。これを「マクロ経済学」という。

ケインズだけがズバ抜けていたので、マクロ経済学が生まれた。そしてケインズの死と共になくなった。このあとは、どうしていいか誰も分からない。

第4章

人類を不幸にした経済学の正体

クルーグマンは白状した

自分の間違いを認めたクルーグマン

ポール・クルーグマン本人の弁明の文

この章は、クルーグマン本人が書いた「私たちは間違っていた」論文そのものである。その全文の日本語訳と英語原文である。実に、言《い》い訳《わけ》たらたらの苦しまぎれの文である。

「私を含めて経済学者はグローバリゼーションについて間違った」

What Economists (Including Me) Got Wrong About Globalization

（ポール・クルーグマン著、ブルームバーグ誌掲載、2019年10月10日号掲載）

古村治彦・副島隆彦　訳

内容の要旨（サマリー） 1990年代に、私たちアメリカの経済学者がよく使用した複数の理論モデルがある。発展途上国からのアメリカへの輸入が与える影響を測定するためのモデルである。これらの理論モデルは、どれも**アメリカ労働者の雇用と収入格差（貧富の差）に与える影響を、過小評価していた**（訳注。と今頃になって私は判断する）。

著者紹介 ポール・クルーグマンは、現在はニューヨーク市民大学（CUNY）大学院で教えている。『ニューヨーク・タイムズ』紙のコラムニストも務めている。国際貿易と経済地理学に関する研究で、2008年にノーベル経済学賞を受賞した。

英語原文 The models that scholars used to measure the impact of exports from developing countries in the 1990s underestimated the effect on jobs and inequality.

Paul Krugman teaches at the CUNY Graduate Center and is a columnist for the New York Times. In 2008 he won the Nobel Prize in economics for his work on international trade and economic geography.

訳文 私のこの評論文《コラム》は、『我々はグローバリゼーションからの挑戦に直面している』“*Meeting Globalization’s Challenges*”（プリンストン大学出版局刊）という近刊書の中の第1章を短縮したものである。

この『グローバリゼーションからの挑戦に直面している』は、私を含めて、2017年10月11日に、ＩＭＦ（国際通貨基金）が主催した研究会で発表した学者たちの論文を集めたものだ。この本は2019年11月4日に刊行される。

グローバリゼーションがアメリカ合衆国に与えたひどい結果（逆効果）に対する疑念は、最近になって急に出てきたものではない。1980年代から、アメリカ国内の収入格差が大きくなり始めた。

この時から、多くの専門家と評論家、コメンテイターたちは、収入格差の拡大が急激に拡大している現象を、もう1つの新現象とつなげて論じ始めた。もう1つの新現象とは、新興国からアメリカへの工業製品の流入の激増だった。

英語原文 This column is adapted from a chapter in "*Meeting Globalization's Challenges*" (Princeton University Press), a collection of papers by scholars who contributed to a conference at the International Monetary Fund on Oct. 11, 2017. The book will be published on Nov. 4.
Concerns about adverse effects from globalization aren't new. As U.S. income inequality began rising in the 1980s, many commentators were quick to link this new phenomenon to another new phenomenon: the rise of manufactured exports from newly industrializing economies.

訳文 私たちアメリカ経済学者は、この収入格差（貧富の差）の拡大に深刻な疑問を抱いた。国際貿易の標準的なモデルでは、国際貿易は国民の収入を配分する（公平にする、平準化する）機能をもっている、とされる。
（第2次大戦中の）1941年に発表された有名な論文が、労働力の豊富な国（後進国）との貿易によって、アメリカのナショナルインカム収入総額（訳注。GDPのこと）は上がるが、アメリカの労働者の賃金は下がる、というプロセスを明らかにした。

英語原文 Economists took these concerns seriously. Standard models of international trade say that trade can have large effects on income distribution: A famous 1941 paper showed how trading with a labor-abundant economy can reduce wages, even if national income grows.

訳文 この後《あと》1990年代に入って、私を含む多くの経済学者は、国際貿易の状況の変化が国内の収入格差の拡大に、どれほどの影響を与えているかを解明しようとした。ところが結論は、「その影響は小さい（穏やかなものな）ので、収入格差拡大の主要な要因ではない」と次第に考えるようになった。その結果、国際貿易がアメリカ経済に打撃（マイナスの影響）を与えることについての学者たちの関心は、消え去ることはなかったが、徐々《じょじょ》に薄らいだ。

英語原文 And so during the 1990s, a number of economists, myself included, tried to figure out how much the changing trade landscape was contributing to rising inequality.

They generally concluded that the effect was relatively modest and not the central factor in the widening income gap. So academic interest in the possible adverse effects of trade, while it never went away, waned.

訳文　ところが、この数年、グローバリゼーションに対する疑念と不安は、重要課題《アジェンダ》のトップに浮上した。グローバリゼーションについての新たな研究が出るようになった。ブレグジット（Brexit　イギリスのEUからの離脱）と、ドナルド・トランプの出現が与えた政治的衝撃のために、**グローバリゼーションに対する不安が急に大きくなっている。**私は、〝1990年コンセンサス〟（訳注。ネオ・リベラル派によるもの）である「国際貿易の増大が収入格差を増大させるのは真実だ。だがその影響は小さい」という考えの形成に貢献した（即ち、責任のある）人間の1人である。**この時期に、私たち経済学者は、いったい何を間違ったのか。このことを今、問題にすることが必要だと私は考えるに至った。**

英語原文　In the past few years, however, **worries about globalization have shot back**

to the top of the agenda, partly due to new research and partly due to the political shocks of Brexit and U.S. President Donald Trump. And as one of the people who helped shape the 1990s consensus — that the contribution of rising trade to rising inequality was real but modest — **it seems appropriate for me to ask now what we missed.**

見逃されたハイパー（超）グローバリゼーションの始まり

訳文 〝1990年コンセンサス〟 The 1990s Consensus

1990年代の中頃、貿易が（国内の）労働市場に対してどれほどの影響を与えるか、を評価判断《アセスメント》するために、データをどのように使うか。このことで（アメリカ経済学会に）混乱が起き、激しい議論となった。

ほとんどの研究テーマは、貿易高と国内労働の総量、その他、輸出入に伴う諸資源に焦点《フォーカス》を当てていた。だが、このようなアプローチに異議を唱える経済学者たちもいた。**彼らは、（貿易と労働の）量 quantity を量《はか》ることよりも、価格 price で表すこ**

とを中心にすべきだと主張した。

英語原文 There was confusion and debate during the mid-1990s over how to use data on trade to assess wage impacts. Most studies focused on the volume of trade and the amount of labor and other resources embedded in imports and exports. **Some economists objected to this approach, preferring to focus on prices rather than quantities.**

訳文 ここで姿を見せ始めたのが、「もし〜がなかったら（but for）アプローチ（研究手法）」だった。これは、「もし発展途上国からアメリカへの工業製品輸入が増大する現象がなかったとしたら、その場合の労働賃金は、実際の賃金に比べてどれぐらいだろうか」という問題設定で行なわれた。

　発展途上国からのアメリカへの輸入増大は、１９７０年には小さいものであった。しかし、１９９０年代半ばには急増した。発展途上国からの工業製品輸入は、過去と比べてものすごく大きくなった。それでも（我々）先進国の大きな経済規模から見ると、小さなものだった。それはアメリカ合衆国のGDP（国内総生産）のわずか約2%だった。この程度でも相対賃金《レラティブ・ウェイジ》に中程度の変化を与えるのには十分であり、その影響は決して瑣末《さまつ》なものではない。しかし、一国の経済における中心的な課題となるほどの大きなものとは言えなかった。

英語原文 What eventually emerged was a "but for" approach: asking how different wages would have been but for the rise of manufactured exports from developing countries — increases that were minimal in 1970 but higher by the mid-1990s. It turned out that imports of manufactured goods from developing countries, while much larger than in the past, were still small relative to the size of advanced economies — around 2% of their gross domestic products.

This wasn't enough to cause more than a modest change in relative wages. The effect wasn't trivial, but it wasn't big enough to be a central economic story, either.

訳文 **ハイパー（超）グローバリゼーション** Hyperglobalization

国際貿易が国内の雇用に与える打撃についての評価判断《アセスメント》は、１９９５年ごろに研究された。これらの評価判断の基《もと》となるデータは、当然ながら、それよりも数年前のものである。だから、国際貿易が雇用（労働市場）に与える影響は穏やか（小さい）という研究結果が出たのは、間違いではなかった。しかしながら、今から振り返ってみると、１９９０年代初めに起きた国際貿易の流れの変化は、もっとずっと大きな現象だった。経済学者アルビンド・スブラマニアンとマーティン・ケスラーが２０１３年に発表した論文の中で、**「ハイパー（超）グローバリゼーション」と呼んだ現象の、これがまさしく始まりだった**（訳注。これを私たちは見逃した）。

英語原文 These assessments of the impact of trade made around 1995, inevitably relying on data from a couple of years earlier, were probably correct in finding modest effects. In retrospect, however, trade flows in the early 1990s were just the start of something much bigger, or what a 2013 paper by economists Arvind Subramanian and Martin Kessler called hyperglobalization.

１９９０年代初頭に起きた大変動

訳文 １９８０年代までならば、第2次世界大戦後に国際貿易が増大したのは当然（自然）である、と論じることもできた。戦争前に各国が打ち出した貿易障壁が（ＷⅡ後に）廃止されたのだから。（訳注。戦争が終わったのだから世界貿易か増大するのは自然だとするのが）その根拠（主要な理由）であると論じた。

戦後の国際貿易が、世界ＧＤＰに占めた割合は、（１９７０年代までは）１９１３年よりもほんの少しだけ大きいぐらいのものだった。ところが、１９８０年以降の20年間で、国際貿易の量と質は大きな未知の領域に踏み込んだ。

英語原文 Until the 1980s, it was arguable that the growth of world trade since World War II had mainly reflected a dismantling of the trade barriers erected before the war; world trade as a share of world GDP was only slightly higher than it had been in 1913. Over the next two decades, however, both the volume and nature of trade moved into uncharted territory.

出典：世界銀行

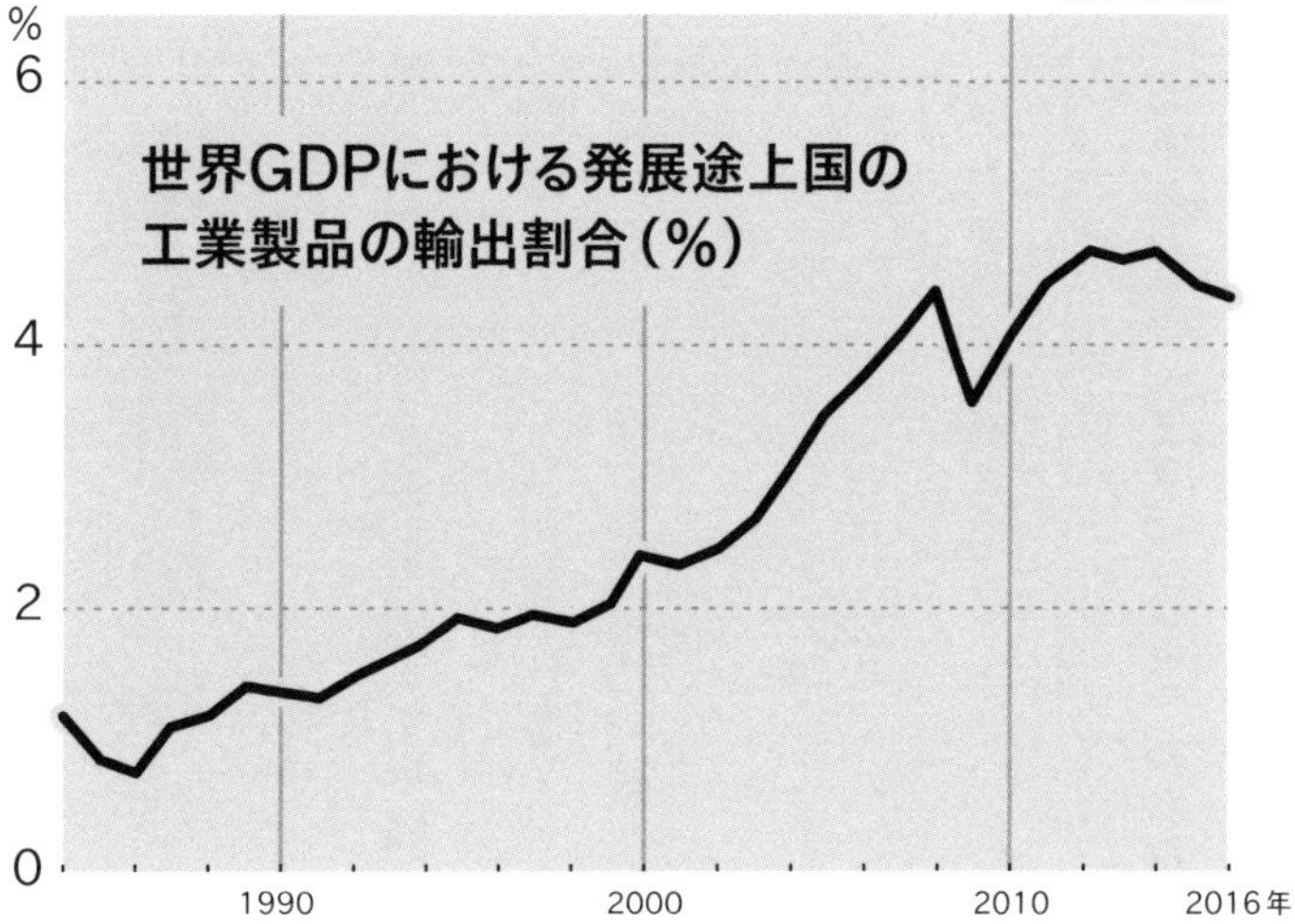

訳文 上のグラフはこの変化の1つの指標を示している。これは発展途上国からの工業製品輸出が、世界GDPに占める割合を測定したものだ。これを見ると、**1990年代初頭に、貿易力《トレイド・フォース》における大変動が発生している。そして、それが大変動の始まりだったということがよく分かる**（訳注。これを私たちは見落とした）。

英語原文 This chart shows one indicator of this change: manufactured exports from developing countries, measured as a share of world GDP. **What seemed in the early 1990s like a major disturbance in the trade force was just the beginning.**

市場経済化による中国と途上国からの貿易急増

気づかなかった中国の市場経済化

訳文　1990年代に、国際貿易が急増した理由は、貿易における全く新しい形式《ノベル・フォーム》が出現したからなのか？　この疑問に対する答えは、たぶん技術と政策の組み合わせによるものだろう。

航空機によるコンテナ輸送は最新の技術というわけではなかった。だが、この技術によって、輸送コストが大きく減少したことで、製造業における、労働集約が必要な部門を海外に移転させることが可能になった。このことをビジネス界（経営側）が認識するまでに、しばらく時間がかかった。この1990年代に、**中国は、中央計画経済（セントラル・プランニング）から輸出に注力した市場経済（マーケット・エコノミー）へ、とドラマティックな変化を遂げていた**（訳注。このことに私たちは気づかなかった）。

英語原文 What caused this huge surge in what was, in the 1990s, still a fairly novel form of trade? The answer probably includes a combination of technology and policy. Freight containerization was not exactly new, but it took time for businesses to realize how the reduction in transshipping costs made it possible to move labor-intensive parts of the production process overseas. Meanwhile, **China made a dramatic shift from central planning to a market economy focused on exports.**

発展途上国からの工業製品輸出の実態

訳文 発展途上国からの工業製品輸出が、世界ＧＤＰに占める割合を測定すると、現在の数値は（25年前である）１９９０年代半ばに比べて実に3倍になっている。このために、発展途上国からの輸出が、輸入国（である我々アメリカ）の収入配分（貧富の差）に与えた影響《エフェクト》もそのまま3倍になった、と結論付けていいのだろうか？　少なくとも2つの理由から、そうではないだろう。

第1の理由は、発展途上国から世界中へ輸出される量の増大の多くの部分は、（社会が）近代化しつつあるアジア、アフリカ、ラテンアメリカ諸国の、それぞれ各国間の貿易量の増大を反映している。これは重要な事実だ。

だが、それが（我々）先進国の労働者に与える影響としては大きいものではない（訳注。即ち先進国の雇用はそのためにそれほどは減らない）。

第2の理由はさらに重要で、次の通りだ。この貿易増大（訳注。後進国からの原油や鉱物資源の先進国への輸出量が大きくなること）とは次のことだ。

非熟練（単純労働者）と熟練者（知能労働者）の2つのタイプの労働による製品が同時に存在する。このために、南北貿易（訳注。かつて北を先進国、南を後進国として論じたときのコトバ）に関与した先進国の労働者の労働価値（賃金のこと）が増大することがもつ、本来の性質と貿易量の増大に比べて、（労働価値の増大は）それに応じてそんなに大きくならない（訳注。即ち先進国の労働者の賃金は上がらない）」ということになった。

英語原文 Since manufactured exports from developing countries, measured as a share of the world economy, are now triple what they were in the mid-1990s, should we conclude that the effect on income distribution has also tripled? Probably not, for at least two reasons.

First, a significant part of the increase in developing-country exports reflects the rapid growth of trade among the modernizing economies of Asia, Africa and Latin America. That's an important story, but it's not relevant to the impact on advanced-country workers.

Even more important, though, the nature of this trade growth — involving goods made by both unskilled and highly skilled workers — means that the value of the labor involved in North-South trade hasn't risen nearly as fast as the volume.

訳文 たとえば、(アメリカへの)バングラデシュからの衣服の輸入と、中国からのiPhone《アイフォン》の輸入、という2つのケースを考えてみよう。

バングラデシュからの衣服の輸入は、教育水準の低い労働者たちのサービスの輸入である。だからアメリカ国内の教育水準の低い労働者の需要を引き下げる圧力になる。

（訳注。即ちその競争相手となるアメリカ国内の低賃金労働者の仕事がなくなる。これが、P33とP147に写真を載せた、怒れるアメリカ労働者による日本車の叩き壊し問題だ。日本車の輸入の激増でアメリカの自動車労働者は失業の危機を抱えた）。

他方、中国からのiPhoneの輸入の場合、iPhoneの価値（値段）の大部分は、日本のような高収入でより教育水準の高い国で行なわれた労働を反映している（訳注。即ちアップル社のiPhoneには、日本製の高級な電子部品《デバイス》がたくさん使われている）。

だから、中国からの（わが国への）iPhoneの輸入は、言い換えると、熟練（訳注。知能労働者。技術者。ケインズのY＝C＋IにおけるI〈研究開発費〉の部分。マルクスの資本論における可変《かへん》資本variable capitalの部分。付加価値＝剰余《じょうよ》価値を生み出す）と非熟練（組み立てなどの単純労働）の2つのタイプの労働を同時に輸入することである。このために（我々アメリカの）収入配分（貧富の差）に与える影響はより小さい（それほど大きくはない）ということである（訳注。なぜクルーグマンがこう結論するのか、訳者には理解できない）。

上記の制約にもかかわらず、以下のことがはっきりした。**ところが、1995年から2010年にかけて起きた発展途上国からの（アメリカへの）輸出の増大は、〝19**

９０年コンセンサス〟が想像（予想）していたよりも、はるかに大きいものだった。この驚くべき輸出の増大が、グローバリゼーションへの疑念（私たちの心配）をぶり返させることになった理由である（訳注。ここで初めてクルーグマンは何かを感じ取っている）。

英語原文 Consider two cases: imports of apparel from Bangladesh and imports of iPhones from China. In the first instance, we are in effect importing the services of less educated workers, putting downward pressure on the demand for such workers in the U.S. In the second case, though, most of the value of the iPhone reflects work done in high-wage, high-education countries like Japan; we are in effect importing skilled as well as unskilled labor, so the impact on income distribution should be much smaller. **Despite these qualifications, it's clear that the impact of developing-country exports grew much more between 1995 and 2010 than the 1990s consensus imagined possible, which may be one reason concerns about globalization made a comeback.**

輸入急増で向けられた日本への激しい怒り

貿易不均衡が引き起こした日本叩き

訳文　**貿易不均衡**　Trade Imbalances

我々経済学者が、グローバリゼーションが（アメリカ国内の労働市場に）与える影響を測定する方法と、トランプ大統領のやり方《アプローチ》を支持する人々のグローバリゼーションへの見方は大きく異なる。とりわけ、ここで大きな違いが見られるのは、**貿易不均衡（トレイド・インバランス）**についてだ。

一般の人々は、貿易黒字もしくは赤字は国際貿易における勝者と敗者を決定する要因と見ている（訳注。赤字なら負け、黒字なら勝ち。トランプ大統領もこの立場）。しかし〝1990年コンセンサス〞（訳注。徹底的な規制撤廃と自由貿易の推進。ネオ・リベラル派の思想）が基盤となっている国際貿易への経済学のモデルでは、貿易不均衡は重要な役割を果たさない（無視していい）と考える。

長期的に見れば、（我々）経済学者が採用してきた手法（アプローチ）は正しい（訳注。ここでクルーグマンはきっぱりと居直る）。各国はこれ（貿易不均衡）を時間をかけて自分の力で何とかしなければならない。貿易不均衡は、貿易関連部門と非貿易関連部門の双方への雇用配分率（訳注。労働力の集中と分散の割合）に影響する。

だが、この貿易不均衡は、労働に対する1国の（即ちアメリカの）総需要にはっきりとした影響を与えているとは言えない。それでも、この貿易不均衡の急激な変化（増大）は、（これを何とかしようとする）調整《アジャストメント》の面で深刻な問題を引き起こした。

さて、私は急いでより大きなテーマに話を戻そう。

英語原文 One contrast between the way scholars measure globalization's impact and the way the broader public looks at it — the approach taken by Trump, for example — is the focus on trade imbalances.

The public tends to see trade surpluses or deficits as determining winners and losers. But the economic trade models that underlay the 1990s consensus gave no role to trade imbalances at all.

The economists’ approach is almost certainly right for the long run, both because countries must pay their way eventually, and because trade imbalances mainly affect the relative shares of traded and nontraded sectors in employment, with no clear effect on the overall demand for labor. Yet rapid changes in trade balances can cause serious problems of adjustment — a broader theme that I’ll return to shortly.

訳文　ここからは、とりわけ次の問題を考える。それはアメリカの石油を除く貿易収支（訳注。その大部分は工業製品が占める）と、アメリカ国内の製造業の２つ、が作っている雇用、のこの２つを比較することである。

（左のグラフから分かることだが）１９９０年代の終わりまでは、製造業が生み出す雇用の、雇用全体に占める割合は、下落し続けていた。しかし絶対数で見ると、ずっと安定していた。**製造業における雇用は、２０００年を境に崖（cliff《クリフ》）から落ちるように急落した。**この下落は石油を除く貿易赤字の急増にピタリと対応していた。

出典:アメリカ経済分析局、アメリカ労働統計

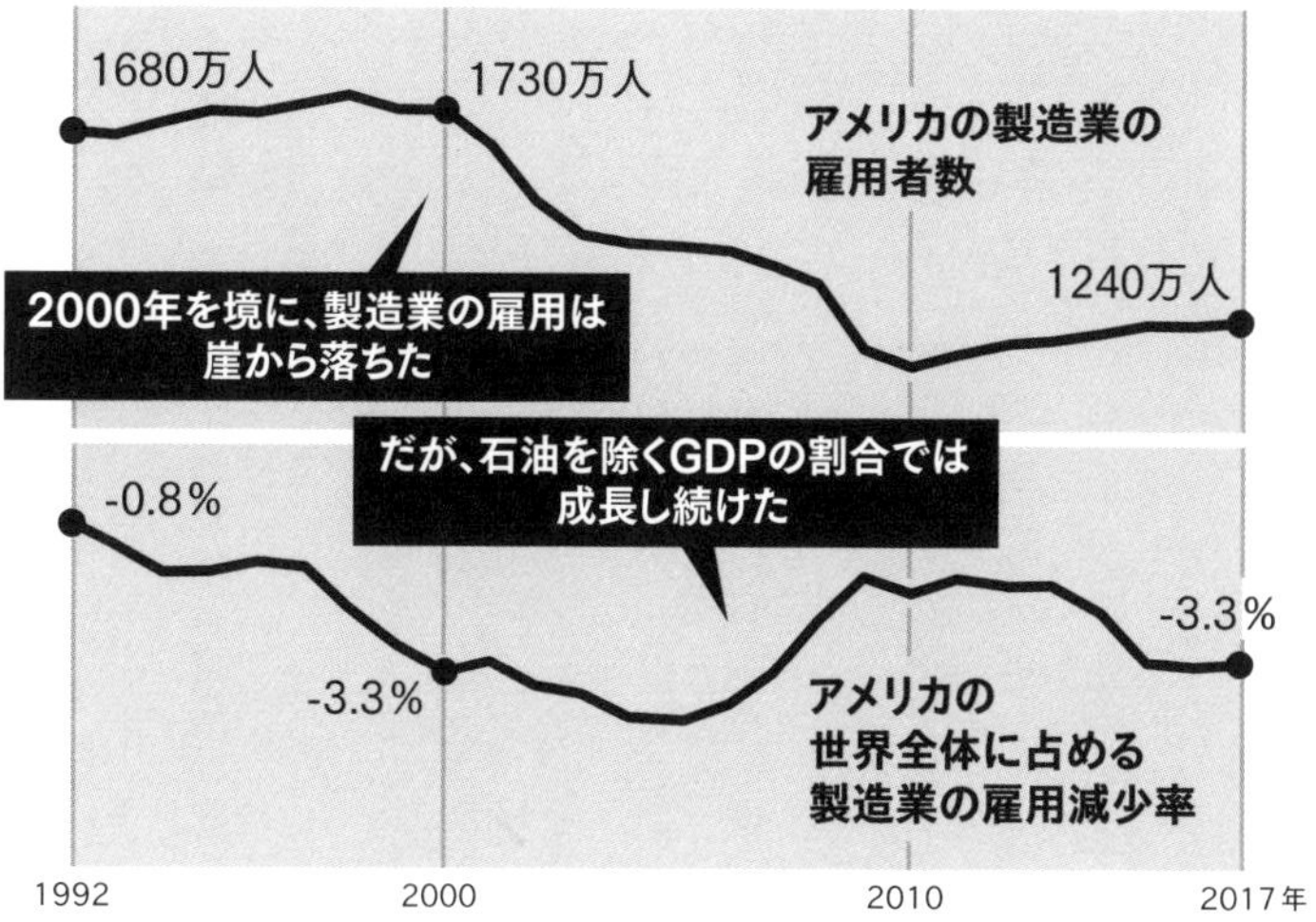

英語原文 Consider, in particular, the comparison between the U.S. non-oil trade balance (which is overwhelmingly manufactured goods) and U.S. manufacturing employment:

Until the late 1990s, employment in manufacturing, although steadily falling as a share of total employment, had remained more or less flat in absolute terms. **But manufacturing employment fell off a cliff after 2000**, and this decline corresponded to a sharp increase in the non-oil deficit.

輸入の増加が米労働者層に与えた打撃

訳文 **貿易赤字の急増が雇用の落ち込みを説明しているか？　その通りだ。その理由の大部分を占める**

次の推定評価《アセスメント》にはきちんとした根拠がある。１９９７年から２００５年にかけて、（アメリカは）貿易赤字《デフィシット》の増大によって、ＧＤＰに占める製造業の割合を１・５％低下させた。このことを言い換えると、雇用全体では、同時期に（この9年間で）10％以上も減少した。とりわけ製造業が生み出す雇用は、およそ20％も低下した。

この推定評価は、比較的短い期間で製造業が生み出す雇用が、雇用全体に占める割合を示しているのではない。そうではなくて製造業が生む雇用絶対数（アブソルート・エンプロイメント）に焦点を当てているのである。

貿易赤字を理由に使うとしても、そのほんの一部しか説明はできない。製造業（第2次産業）からサーヴィス業（第3次産業）への長期的な変動が、（より大きな原因として）有るのだから。

しかし、**輸入の急増は、アメリカの労働者の一部に激しい衝撃を与えた**（訳注。だから日本車がＵＡＷ　全米自動車労組に象徴的に叩き壊された。Ｐ33とＰ１４７の写真）。この衝撃は、グローバリゼーションに対するアメリカ国民の政治への激しい怒り（バックラッシュ）を引き起こす原因となった。

英語原文 A reasonable estimate is that the deficit surge reduced the share of manufacturing in GDP by around 1.5 percentage points, or more than 10%, which means that it explains more than half the roughly 20% decline in manufacturing employment between 1997 and 2005.
This is over a relatively short time period and focuses on absolute employment, not the employment share. Trade deficits explain only a small part of the long-term shift toward a service economy. **But soaring imports did impose a shock on some U.S. workers, which may have helped cause the globalization backlash.**

貿易赤字の急増で拡大した労働者の収入格差

訳文 **急速なグローバリゼーションと社会崩壊 Rapid Globalization and Disruption**

グローバリゼーションを全面肯定する〝1990年コンセンサス〟（ネオ・リベラル派合意）は、国際貿易が人々の収入格差（不平等）拡大に、ほとんど影響を与えることはない、というものだった。このコンセンサスが基盤とした諸モデルは、貿易量の増大が、大学に進学しなかった労働者（高卒あるいはそれ以下）の広範な層の労働者階級の収入にどれくらいの影響を与えたか、を問うものだった。

このモデルが長期的にみて正確であると考えることは可能であり、おそらく正しい。ところが〝1990年コンセンサス〟に立つ（私たち主流派の）経済学者たちは、特定の産業部門と地方の労働者たち（が国際貿易と関連していると）注目する分析的な方法に目を向けなかった（訳注。ここで私たちは間違いを犯した）。

この手法を我々経済学者が採用していれば、短期的な動向をより良く理解できていただろう。**この手法に目を向けなかったことについて、私は大きな間違いをしたと、今、確信している。そして、この間違いに私は手を貸した主要なひとりである。**

英語原文 The pro-globalization consensus of the 1990s, which concluded that trade contributed little to rising inequality, relied on models that asked how the growth of trade had affected the incomes of broad classes of workers, such as those who didn't go to college. It's possible, and probably even correct, to think of these models as accurate in the long run.
Consensus economists didn't turn much to analytic methods that focus on workers in particular industries and communities, which would have given a better picture of short-run trends. **This was, I now believe, a major mistake — one in which I shared a hand.**

訳文 グローバリゼーションによって政治は、大きな影響を受けた（私が考えていたよりも）。国際貿易（の統計数値）は、ブルーカラー（肉体労働者）とホワイトカラー（管理職労働者）の賃金格差、もしくはジニ係数として知られる収入格差、を測定するための広範な統計的方法に影響を受ける。そしてまた、貿易の流れが大変動することによって巨大な利益が出る。もしくは大きな損失を被るなど、個別の産業部門が味わう経験からも、（社会に）大きな影響が出る。これらのことを明確に示すべきであった（訳注。それなのに、私たち経済学者はしなかった）。

英語原文 It should have been obvious that the politics of globalization were likely to be much more influenced by the experience of individual sectors that gained or lost from shifting trade flows than by big questions of how trade affects the global blue-collar/white-collar wage gap or the broad statistical measure of inequality known as the aggregate Gini coefficient.

〝チャイナ・ショック〟どころか、〝クルーグマン・ショック〟だ

訳文 2013年に発表され、今ではすっかり有名になっているデイヴィッド・オーター、デイヴィッド・ドーン、ゴードン・ハンソンの3人による論文『チャイナ・ショック』“*China Shock, 2013*”の中でなされた分析が、人々の注目を集めた。

この本の著者たちが、主にやったのは、国際規模の収入配分（訳注。大きく得をする国と損をする国に分かれる）が生まれていることに、様々な疑問を投げかけたことだ。急速な輸入の増大が、アメリカの地方の労働市場に与えた大きな影響（訳注。工場が中国をはじめ海外に移転したので失業が増えたこと）への疑問を提示した。

そして、この本の著者たちは、この影響は巨大で永続的なものだ、と結論付けた。この結論付けは、新たなそして重要な示唆を、その後に与えるものとなった（訳注。私、クルーグマンは淡々とだが、この事実を認めなければ済まなくなった）。

英語原文 This is where the now-famous 2013 analysis of the “China shock” by David Autor, David Dorn and Gordon Hanson comes in. What they mainly did was shift focus from broad questions of global income distribution to the effects of rapid import growth on local labor markets, showing that these effects were large and persistent. This represented a new and important insight.

訳文 （私、クルーグマンは、）この２０１３年の本の出版に、内心、相当なショックを受けた（訳注。〝チャイナ・ショック〟どころか、〝クルーグマン・ショック〟である）。

私たち（経済学者）は、こうした様々な問題について、25年前（1994年）に考察し損なった。**私が弁解するならば、その当時は、1990年代に始まったハイパー（超）グローバリゼーションについて、私たちは何も知る方法がなかったからだ。その10年後（2000年）に、貿易赤字の急増が起きることなど、私たちには分からなかった**（訳注。専門家なのに）。

ハイパー（超）グローバリゼーションと貿易赤字の急増が同時に起きた。これがなければ、チャイナ・ショックの規模はより小さなもので済んだであろう。私たち経済学者は、現象（ストーリィ）の極めて重要な部分を見逃してしまった。

英語原文 To make partial excuses for those of us who failed to consider these issues 25 years ago, at the time **we had no way to know that either the hyperglobalization that began in the 1990s** or the trade-deficit surge a decade later were going to happen. And without the combination of these developments, the China shock would have been much smaller. Still, **we missed a crucial part of the story.**

保護貿易への舵切りで大きな社会崩壊が起きる

トランプの保護貿易は間違っている

訳文　保護主義を擁護する十分な論拠はあるのか？　A Case for Protectionism?

この他に、〝1990年コンセンサス〟が見逃したものは何か？　たくさんある。発展途上国からの工業製品輸出は、このコンセンサス（専門家たちの合意）が形成された時点でのレヴェルをはるかに超えて増大した。輸入の拡大と貿易不均衡の拡大が、同時に起こったからだ。

これはグローバリゼーションが〝1990年コンセンサス〟が想像したよりも、より大きな社会崩壊《ディスラプション》と打撃《コスト》（損失）を、アメリカの労働者の一部に与えた、ということを意味した。

それでは、グローバリゼーションがもたらした社会崩壊とコスト（代償）について、トランプ大統領の主張が正しく、（彼が現在行なっている、中国その他との）貿易戦争（トレイド・ウォー）はグローバリゼーションによって傷つけられた労働者たちの利益となるのか？

英語原文 What else did the 1990s consensus miss? A lot. Developing-country exports of manufactured goods grew far beyond their level at the time that consensus emerged. The combination of this rapid growth and surging trade imbalances meant that globalization produced far more disruption and cost for some workers than the consensus had envisaged.
Does this mean that Trump is right and a trade war would be in the interests of workers hurt by globalization?

訳文 私の答えは「ノー」だ。なぜなら、（トランプたちの）保護主義（をやりさえすればいい）という答えは、自由貿易がもたらした厳格な関与（リジット・コミットメント。労働市場への直接的な打撃）よりも、グローバリゼーションがもたらした損失《ロス》（アメリカ経済全体が受けた被害）の性質に、より基づいている。

今でも急速に拡大し続けるグローバリゼーション、即ち（私たちの目の前で）歴史上最も急速な変化による社会崩壊《ディスラプション》が起きている。ここでの問題点は、わが国の労働に対する需要が変化した（減退した）ということではない。

急速な変化は私たちの背後からも迫っている。多くの指標《インディケイターズ》が示しているとおり、ハイパー（超）グローバリゼーションは、一時的な現象だったのであり、国際貿易（の取引量）は世界GDPにおいて、今では比較的安定している（訳注。と私クルーグマンは、自己弁護する）。1つ目のグラフ（本書P227）を見れば、（工業生産が生む雇用者数は）ほぼ横ばいのままだということが分かる。

英語原文 No. This answer is based not so much on some rigid commitment to free trade as on the nature of the losses that globalization imposed. **The problem with surging globalization wasn't so much changing demand for labor as the disruption that was caused by some of the most rapid changes in history.** Rapid change now appears to be largely behind us: Many indicators suggest that hyperglobalization was a one-time event, and that trade has more or less stabilized relative to world GDP. You can see

もはや称賛されない"1990年コンセンサス"

訳文 結果として、**現在起きている大崩壊は**、今の自由貿易体制から離脱しようとすることによって、**グローバリゼーションを**（無理やり）逆行させようとするから（かえって）**起きるのである**（訳注。それよりはこのまま放っておいたほうがいい。保護貿易などもってのほかだ）。

現時点では、どの国に生産設備を建設するか、あるいは、（人々が）どの国に移住して仕事に就くべきかなどで試されている膨大な数の決断は、開かれた世界貿易システム（オープン・ワールド・トレイディング・システム）がこれからもずっと存続していく、という前提の下に行なわれているのである（これを壊してはならない）。（トランプがやっている）関税率を引き上げること（即ち外国に制裁のための高関税《ハイ・タリフ》を課すこと）は、世界貿易量を収縮させる。この（トランプの保護貿易政策の）前提が間違っているので、これまでとは違う形で新たな勝者と敗者を生み出すだろう。
そして新しい社会崩壊の波を（かえって）発生させることになる（訳注。だからそのような議論はやめて、今の自由貿易《フリートレイド》体制を守るべきだ）。

英語原文 As a result, **major disruptions now would be more likely to come from an attempt to reverse globalization** than from leaving the current trade regime in place. At this point, millions of decisions about where to put plants, and where to move and take jobs, have been made on the assumption that the open world trading system will continue. Making that assumption false, by raising tariffs and forcing a contraction of world trade, would set off a whole new wave of disruption along with a whole new set of winners and losers.

訳文 グローバリゼーションがもたらした悪い影響として、〝1990年コンセンサス〟はもはや称賛されなくなった。
グローバリゼーションに欠点があるからといって、今、トランプがやっている現在の保護主義（プロテクショニズム）が正当化されることはない。
私たちが１９９０年代の時点で、将来何が起きるのかを分かっていたならば、実際にやってきたこととは異なる、もっと違ったことをやったであろう。しかし、それだけを理由にして、いまさら時計の針を元に戻すことはできない（訳注。と、私、クルーグマンは最後に居直る）。

英語原文 So while the 1990s consensus on the effect of globalization hasn't stood the test of time, its shortcomings don't make a case for protectionism now. We might have done things differently if we had known what was coming, but that's not a good reason to turn back the clock.

〈了〉

アメリカ経済学はもう立ち直れない

解説文 以上が、クルーグマン自身が書いた「私たちは間違っていた」論文の全文である。
なかなか明析で明瞭な文である。さすがに、アメリカの経済学者たち全てを率いて、代表してきた人物の文章である。

私たち日本人は、今頃（２０２０年）になってようやく、アメリカ経済学会で何が起きていたのかを知る。彼らが不意打ちのように喰らった共和党トランプのまさかの当選（民主党ヒラリーの負け。２０１６年11月）で、クルーグマンたち民主党リベラル派の主流派経済学者が、どれほどの衝撃を受けたか、が分かる。あれから4年がたち、その間に、アメリカの経済学者たちの間で、ケンケンガクガクの大論争が繰り広げられていたことが如実に推測される。そしてそれは学界のドンであるクルーグマンへの責任追及の形を取った。

このことを、外交専門誌ではあるが経済問題も扱う高級誌の『フォーリン・ポリシー』で、マイケル・ハーシュが、一般社会に向けて、暴き立てるように書いた。これで私たち日本の知識《ちしき》層にまで真相が伝わって明らかになった。大変、意義のあることだ。

国際経済（貿易）問題だけにとどまらず、アメリカ経済学そのものの大《だい》欠陥と致命的な失敗《フェイリア》が露呈した。おそらくアメリカ経済学は、もう立ち直れないだろう。アメリカ国民だけでなく世界に向かって、何か意味のある有効な理論や政策思想を、もはや提出できないからである。

アメリカ政府（中央銀行であるＦＲＢを含む）がやっていることは、おカネ（紙幣《ノート》）と国債《ボンド》を刷り散らしてバラ撒くことと、NYの株価を計画的につり上げ続けることだけだ。これは明らかにマネタリスト（シカゴ学派）の政策思想である。第2章で詳述した。ここにはニュー・ケインジアン＝新古典派と自称し、そのように呼ばれるクルーグマンたち自身も含まれる。今のニュー・ケインジアンなる人々は、ケインズ思想の裏切り者であって、その本性はマネタリストである。今やハシにも棒にもかからない人々である。つまりアメリカ経済学は死につつあるのである。

グローバル大企業群からの反撃が起きる

このクルーグマン〝白状〟論文は、『ブルームバーグ』紙（2019年10月10日付）に載ったものだ。これをマイケル・ハーシュが、こっぴどく叩きのめすことで、何が今、大きな問題かが満天下に明らかになった。クルーグマンは、この自白文の後半では、「それでも私たちだけが間違ったのではない」「西暦2000年からの〝チャイナ・ショック〟を見逃した点では私を批判する者たちも同じである」と自己弁護して、反撃を加えている。度々《たびたび》出てきた〝1990年合意《コンセンサス》〟を作った民主党ネオ・リベラル派の思想、即ち、自由貿易の無条件の礼賛に対しても、「この考えそのものが間違っているわけではない。これからも世界は自由貿易によって繁栄してゆくのである」と居直りの態度を見せている。他にどんなやり方があるのか、と。

クルーグマンは、「アメリカ国内の労働者の失業は、ハイパー（超）グローバリゼイションによってだけ生み出されたものではない」と、弁明（弁解）をさらに繰り返している。この複雑な態度はクルーグマン独特のものである。柔らかさと強さがないまぜになっている。そして結論として、「トランプのやっている保護貿易《プロテクショニズム》は間違っている。こんなことをやっていたら、世界貿易が萎縮《いしゅく》して、さらに大きな社会崩壊（ディスラプション）につながる」と反撃してこの白状論文の結論としている。

ここから大事なことは、P135に載せた、Ⓐ自由貿易（クルーグマンら）とⒸ保護貿易（トランプら）の対立の次に、Ⓓグローバル大企業群の行動、の問題がせり上がってくることだ。

トランプ2期目（次の4年間。2024年まで）では、Ⓒの保護貿易主義に対して、Ⓓの多国籍企業（グローバル大企業群）からの反撃が起きることだ。このⒹの勢力は、大企業経営者（資本家）たちであり、総じて共和党支持者である。

ということは、トランプの保護貿易（諸外国への報復《リタリエイション》としての高関税《ハイタリフ》）に対して、同じ共和党内からⒹの勢力が、「私たちが外国で製造してアメリカに輸入している製品に高関税をかけるな」という、グローバリスト（地球支配《しはい》主義者）そのものの抗議をするようになる。だからここからはⒷのトランプが追い詰められる動きになる。

このときⒶのクルーグマンたち経済学者は、おそらくⒹの大企業経営者たちへの追従《ついじゅう》、追唱《ついしょう》集団となるであろう。何故なら、自由市場、自由貿易は彼ら大司教《アーチビショップ》たちの教条（ドグマ、ドクトリン）なのだから。

マイケル・ハーシュは、第3章の末尾で、「主流派の経済学者たちは、奇妙なことに、どんどん左翼的になっており、エリザベス・ウォーレンやバーニー・サンダースの大企業批判の立場に近づいている」と書いている。

しかしそんなことは表面のことである。現実味のない左翼あるいは急造リベラル派の政治勢力にアメリカ経済学者たちが同化するはずがない。彼らの本性《ほんせい》は、冷酷な新古典派（総合）の人々であるから、「労働者を大切する」という考えを元々《もともと》持っていない。

アメリカ経済学には前途はない。何も新しいことを考えつく能力がなくなり、枯渇《こかつ》している。

第5章

経済政策なきこれからの世界

経済学はすでに死んでいる

もう経済学では対応できない先進国経済

小室直樹の名著から再び学ぶ

ここからは、私の先生である小《こ》室《むろ》直《なお》樹《き》氏著の『数学嫌いの人のための数学』（東洋経済新社　2001年刊）を使って、本書第2章の数式たちを再度、ダメ押しで、念には念を、で分かり易《やす》く説明する。

「却《かえ》って分からなくなった」という人が出てくることを恐れる。だが、やる。

P67のY＝C＋Iの「C＋I」を国民需要《ナショナル・デマンド》と言う。

ケインズはこれを有効需要《エフェクティブ・デマンド》と呼んだ。これが増えれば、反対側のY（国民総生産）が増える。だから「C＋I」を合わせて変数《ヴァリアブル》と考えるので、Yという関数《ファンクション》が決まる。

この「C＋I」の中身は、Cが総《そう》需要関数を作っていて、Iが総《そう》供給関数を作っている。

この2つの複合関数がYである。

P49のA・マーシャルの M＝kpY の式では、kは係数《けいすう》である。比例定数あるいは媒介変数（パラメータ）とも言う。

数学（数式）では、定数《コンスタント》と変数《ヴァリアブル》は、考え方によって、コロコロと入れ代わる。このことが分からないと（分からないから）皆んな、高校時代に数学で落ちこぼれた。

最初に習うの中学校1年の $y=3x$ の式で、xは変数で、yは関数《ファンクション》である。この「3」が定数である。この式（方程式《イクウェイジョン》である）は、「xが決まればyが決まる」、だから「yは変数xの関数である」と読む。

ケインズのY＝C＋Iの式で、Iは定数《コンスタント》であるのだが、元は「投資（の）関数」である（前掲書P274参照）。だから、定数であるIは、関数の一種だ、とも考える。分かりますかな（前掲書P292参照）。分かりませんよね。

Cは消費関数であるのだが、YがC（国民生産）を決める。と同時に、CがYを決める。YとCは互いに作用し合って相互連関（mutual inter action ミューチュアル・インター・ア〈ラ〉クション）する。

このとき、YとCの変数《ヴァリアブルズ》は、Y＝C＋Iの式の中で、内生変数《ないせい》（エンドゥジーニアス・ヴァリアブルズ）という。ケインズの有効需要の原理によって C＝aY となる。

このように、Cは変数Yの関数《ファンクション》となる。YがCを決定するのである。

それでは、ここからこのことをグーッと分かり易く書いて説明する。


日本のGDP（即ちY。国民所得＝国民生産。日本国の1年間の総収入）は、500兆円（5兆ドル。この25年間、1994年からずーっと5兆ドル近辺）だ。

そしてC（消費《コンサンプション》。即ち費用《コスト》＝必要経費。国民全部の生活費）は、400兆円ぐらいだ。

そうすると、I（投資《インヴェストメント》、即ち研究開発費。有能な人間たち）への投資額は、100兆円だ。

Y（500兆円）＝C（400兆円）＋I（100兆円）

である。

C（1年間の出費）が決まるから、Y（1年間の売り上げ、収入）が決まる。と同時に、I（もっと収入を上げるための投資。有能な人材や新技術への資金の投入。金融博奕《ばくち》を含む）が増える。そうするとYも増える。

ところが、ケインズの、このY＝C＋Iの等価式（方程式）が、どうもこの20年（特にリーマン・ショックからの12年間）で効《き》かなくなった。経済成長がなくなったのだ。

アメリカ、ヨーロッパ、日本で、経済成長（エコノミック・グロウス）が消えた。「アメリカは今も成長し続けている。年率の成長率1・2%は有る」と強がりを言う。が、この数字は粉飾で作られた数字でインチキである。ヨーロッパも日本も、マイナス成長（ネガティヴ・グロウス）である、と白状して認めている。

この20年間のインチキ嵩《かさ》上げ数字をはぎ取ったら、米、欧、日の先進国〝ダンゴ三兄弟〟は、成長していない。成長《グロウス》は止まっている。

本当は衰退《すいたい》（デクライン）しているのである。それをゴマかすためのヘンなコトバが、「マイナス成長」である。そんな「マイナス成長」などという成長はない。衰退だ。下落《げらく》だ。劣化だ。悪化、縮小、減退だ。

ケインズの乗数効果理論が効かなくなった

ここから、Y＝C＋Iの式の次に、ケインズ経済学のお勉強で、ものすごくよく使われる「乗数効果理論《じょうすう》」を説明する。

乗数効果理論（マルチプライヤー・エフェクト・セオリー　multiplier effect theory ）とは、経済成長のための政策実行のモデル理論だ。ケインズが発明した。

Y＝C＋IのI（投資）を増やしたら、Y（国民生産）がどれだけ増えるか、という理論だ。

たとえば政府が1兆円（100億ドル）を投資（財政政策で）を行なったとする。即ちIが1兆円増えると、Yは1兆円増える、だけではなく、もっと大きな金額（収益、売り上げ）になるはずだ、という理論だ。

ここで「限界《げんかい》消費性向《せいこう》」というケインズが発明した考えが出てくる。この限界消費性向（マージナル・プロペンシティ・トゥ・コンシューム　marginal propensity to consume）という考えを入れる。これを「0・8」という数字にすることにだいたい決まっている。

マクロ経済学の教科書は、どれでもこの数字を「0・8」とする。小室直樹先生も、よく「0・8」とする。

そうすると、「Yが1兆円増えれば（財政政策、積極《せっきょく》財政で）、消費関数（C）も「0・8」増える。それで、C＝0.8Y　と書く。

このあと資本の自己増殖（銀行の預金の利子と同じ考え）で、Yが0・8兆円増えると、Cはさらに0・64兆円増える。ここで有効需要の原理（第2章P67で説明した）によって、Cは、さらに0・512兆円増える。これを波及《はきゅう》効果という。

$\Delta Y = \Delta C + I$

と書いて、どんどんYが自己増殖して増えてゆく。

このΔY（微分式《びぶんしき》の書き方）は、私たちが高校で習う無限等比《とうひ》級数の考えに従って、

$\Delta Y = 1/(1-0.8)$となる。

$\Delta Y = \dfrac{1}{1-0.8}$である。だから$\dfrac{1}{1-0.8} = 5$である。

このように、5兆円になるのである。初めの1兆円の政府投資は、波及《はきゅう》効果（パーカッション・エフェクト）によって何と5倍の5兆円にも膨らんでゆくのだ。

これが、ケインズの乗数《じょうすう》効果の理論（経済成長の理論）だ。これがずーっと、全ての経済学の教科書に書いてある。

中国と他の世界中の新興国は、この乗数効果と限界消費性向によって、実際に、本当に、1980年代から、ものすごく成長した。

逆波及効果で縮んでいく日本経済

ところが。米、欧、日は成長していない。衰退を続けている。縮《ちぢ》んでしまっている。

日本が一番ヒドくて、26年前の1994年から、ずーっと、大卒の初任給は月給20万円である。今も20万円である。この26年間、ずーっと20万円である。変わらない。ということは、中年のサラリーマンたちも、月給30万円とか、40万円止《と》まりで、26年間変わらない。こんなヒドい国があっていいのかというぐらいヒドい。

日本のGDPは、ずーっと500兆円（5兆ドル。P137の図表）で、ミミズが横に這《は》ったままだ。正確には、今ようやく5・2兆ドル（570兆円）だ。為替《かわせ》（ドル円のレート）を1ドル＝109円とする。

このGDP5・2兆ドルという数字は、日本政府（安倍政権）が、「これじゃあんまりだ。自分たちの政治責任が国民にバレてしまう」で、OECD《オーイーシーディ》や世界銀行に提出するGDPの金額を、4・8兆ドルから5・2兆ドルに、5年前に書き換えて（上手に計算し直して）提出したのだ。だからやっとのことで、5・2兆ドル（570兆円）だ。ヒドいの一言《ひとこと》につきる。ということは、ケインズが考えた限界消費性向（乗数効果）と有効需要の原理が、ちっとも機能していないのである。本当は、限界消費性向は、0・8（利子率のようなもの）ではなくて、真実は、1を通り越して、「1・5」ぐらいはあるだろう。

そうすると、前出の消費関数で、

$C = 1.5Y$となる。これを前出の式に入れると、$\Delta Y = \frac{1}{1-1.5}$となる。計算すると$-\frac{1}{0.5}$は$= -2$となる。

マイナス2兆円になった。1兆円を国が投資すると、2兆円損をするのである。ドブにお金を捨てるようなものだ。あるいは、裏金《うらがね》でアメリカに差し出している。自己増殖も、波及効果もあったものではない。

逆《ぎゃく》波及効果が起きて、逆《ぎゃく》増殖が起きている。爆発ではなくて、爆縮《ばくしゅく》が起きて、日本経済は内側にずっと縮《ちぢ》んでいっているのである。

これがまさに、この26年、日本で続いている大《だい》不況の「マイナス成長」の経済衰退である。だから経済学は死んだのである。ケインズが作った（本当は彼ではない。ヒックスとサムエルソンだ。第2章で説明した）有効需要の原理（経済成長の方策。やり方）が、先進国ですでに壊れている。

それで、マネタリスト一点張りで「それでもいいから、ジャブジャブ・マネー即ち量的《りょうてき》緩和《かんわ》のマネーを、FRBもECB《イーシービー》（ヨーロッパ中央銀行）も日銀も出し続けろ」ということになって、今の世界がある。このジャブジャブ・マネーで、株を土地（地価）を吊《つ》り上げさえすれば、景気が悪くないフリを、トランプ政権即ち、権力者（為政者《いせいしゃ》）はできる。

ＭＭＴ理論では世界経済は生き延びられない

豊かなはずのアメリカから湧き起こった社会主義思想

前章（第4章）に全文を載せたクルーグマン教授自身の「私（たち）は間違っていた」論文こそが、この本の結論である。これでこの本の主張である「現代経済学《モダーン・エコノミクス》というインチキ学問」が証明された。

この私の本の命《いのち》（中心部分）は、私が第2章にずっと書いて明示した「経済学6つの全ての流れ」で「全てはY＝Mの式の形をしている」である。あそこが、この本で一番重要な私の主張である。私が死んだあと、私の業績として認められるだろう。

ところでＭＭＴ《エムエムティ》理論なるものが少し前に騒がれた。もう下火になった。

このＭＭＴというのは、貧乏人（最低限度の低所得者層）であるすべての国民に、毎月

10万円（アメリカなら、月1000ドル、ヨーロッパなら月800ユーロ）を、政府が現金で配れ、という政策提言だ。

政府と中央銀行が、どこまでも、どれだけでも、お札（紙幣）を印刷して国民を救《すく》え、である。大《だい》借金（即ち、更なる財政赤字の積み上げ。更なる日銀引き受け）をやりなさい。それが正義《ジャスティス》だ、という漫画じみた経済政策が、公然と主張されているのである。アメリカで、このMMT（現代貨幣理論、Modern Monetary Theory）という、現実味のない左翼の経済学者たちが言い出したことで、少し論争になった。

これはもっともっと、ジャブジャブ・マネー（緩和《かんわ》マネー。easying money《イージングマネー》）をやれ、ということだ。

今以上にアメリカの中央銀行FRB《エフアールビー》が、アメリカ政府（財務省）から米国債を買い取って、それに対してお札《さつ》を与えよ、そしてそれを貧しい国民に直接配りなさい、という理論だ。いくらお札を直接、政府が貧しい国民に配ったとしても、先進国はインフレにはならない、ということをMMT理論は、根拠にしている。

AOC《エイ・オウ・シー》と略称で通用する**アレクサンドリア・オカシオコルテス**（30歳）が旗を振っている。彼女は、今、アメリカで人気のある若い下院議員（ニューヨーク州第14区ブロンクス区選出）だ。両親はプエルトリコ出身。貧困層の味方で、なつかしい映画『ウエストサイド物語《ストーリー》』を思い出させる。あの映画はＮＹ《ニューヨーク》に住むプエルトリコ人たちを描いた。

それと、ニューヨーク州立大学の**ステファニー・ケルトン**教授（50歳）がそうだ。貧困層の味方で、古生代《こせいだい》（パレオ、paleo- ペイリオウ）ケインジアンだ。ケインズ思想に、本当は最も忠実な祖型《そけい》、原型のような学者たちだ。

ケインズは、厚生《こうせい》経済学を作ったアーサー・セシル・ピグー教授（１８７７―１９５９年）と同じように、１９２０年代にイタリアのムソリーニ政権が、「なんとかして失業している労働者たちに政府は職を与える」という考えをしたことに賛同したのである。

それで、統制《とうせい》経済の政策を実行してでも、飢えている貧困層と失業者を助けろ、の考えとして出てきた。

今、この叫び声が、なんと、世界一豊かであるはずのアメリカから、巻き起こったのだ。

反対するトランプは大借金の責任者だ

それに対して共和党のトランプ大統領は、「それは間違いだ。左翼《レフト》の理論に屈服した民

MMT《エムエムティ》とは「政府は貧乏人（下級国民）に毎月カネを渡せ」理論

ひとり毎月10万円、アメリカなら1000ドルをあげなさい

写真：Getty Images　写真：Stephanie Kelton

アレクサンドリア・オカシオコルテス
（30歳）民主党・下院議員

ステファニー・ケルトン
（50歳）ニューヨーク州立大学教授

「国家は破綻しない」「インフレさえ起きなければ…」「人間はロボットを働かせて、遊んで暮らせる…はずだった」が彼女らの主張。現実は人々は貧しいままだ。

主党の意見だ」と、表面では批判した。

ところがトランプは、MMTと同じことを結果としてやっているのだ。

トランプは保守政治家であり、冷酷な経営者や資産家を代表しているから、「借金はイカン。政府の借金もイカン。赤字経営はイカン。人間は、皆、自分の収入の範囲で、切り詰めて生活しなくてはいけない」と、財政赤字の増大に反対する現実主義《リアリズム》の保守の思想で、MMTにも反撃しているように見える。

ところがそれでも「貧困層と失業者対策」をやらないと済まない。

トランプは、前のほうで書いたとおり、1980年代の40歳代の若い頃までは、NY民主党員だった。

トランプは、23兆ドル（2400兆円）の連邦政府の財政赤字を抱えた今の政権の責任者だ。この重荷を、自分で背負っている。自分が国の大借金で押し潰《つぶ》されそうになっている。

「MMT《現代金融理論》は、低能でブードゥ教だ」とののしった

写真：ロイター／アフロ

ラリー・サマーズ
（65歳）
ハーヴァード・ケネディ・スクール 教授

写真：Getty Images

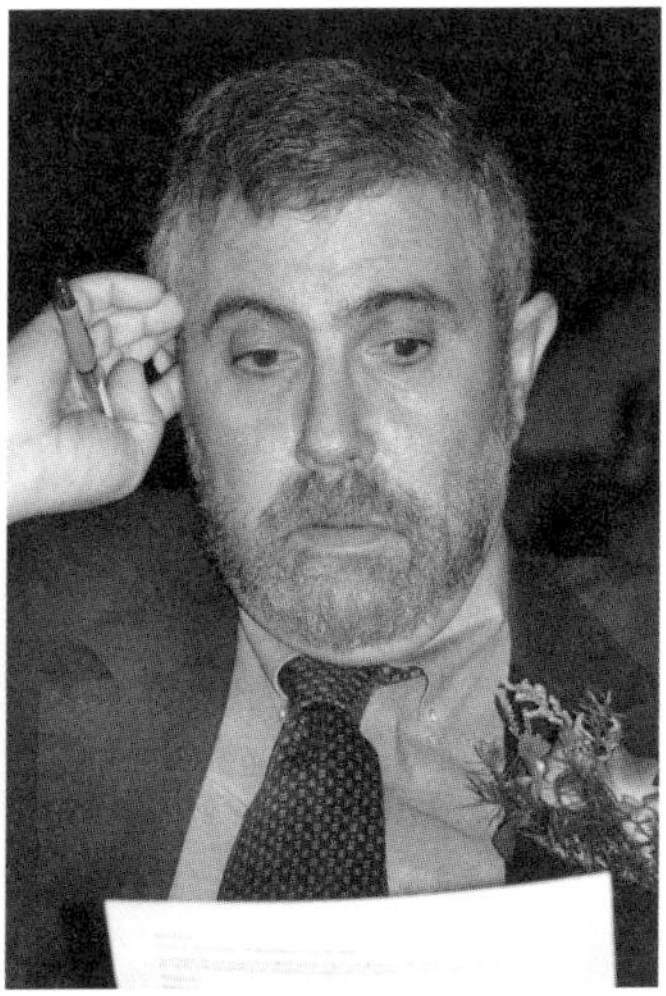

ポール・クルーグマン
（67歳）
ニューヨーク市立大学 教授

だが、この2人がその元凶であるMT《マネタリー・セオリー》を作ったのだ。

経済学者たちを裏で操る世界権力者たち

失業は存在しないと考える経済学派

クルーグマンたち古典派（新古典派《ネオクラシカル》も同じ）の学説では、失業は存在しないことになっている。

新古典派の理屈では、失業というのは、不況のときの、一時的な仮の姿だ。不況が収まれば（過ぎ去れば）、失業は消えてなくなる（前掲書P266）。

新古典派の経済学者たちは、セーの法則を大前提とするから、「自由市場《フリーマーケット》はベスト」であるから、すべての資源は無駄になることはない。資源は全て使われる。労働者の労働という資源も市場で全て使われるから、残る（余《あま》る）はずはない、と考える。だから常に社会は完全雇用が実現している。失業（者）なんかありえない、となる。

クルーグマンたち新《しん》古典派は、発生した失業は、瞬間的に、費用もかからないで解決する（次の職がすぐに見つかる）、と考える。（新）古典派は「作った物は必ず売れる」というセーの法則を、数学の公理《アクシオム》のように使って、これまでに多くの経済学の定理《セオレム》（諸法則）を生み出してきた（前掲書P267）。だから、資本主義には失業がない。必ず自然に解決する、というのが、彼らアメリカ経済学者たちの確信である考えだ。

ところが、1929年10月4日のNY株式大暴落（暗黒の木曜日《ブラック・サーズデー》）から、大恐慌《グレイト・デプレッション》に世界は突入した。

翌年の1930年から多くの労働者、会社員が職を失って、街頭に出て、食料救援（炊《た》き出《だ》し）の福祉の食事に列を作った。農民たちも干ばつが起きて飢えた。世界中が（日本も。1930〈昭和5〉年から昭和恐慌）ひどいことになった。

だが、（新）古典派の経済学者たちは、考えを変えなかった。今、現在（2020年）のアメリカ経済学者の主流派たちもまた、失業は一時的現象であり、存在しない、と考えている。

この石頭《いしあたま》たちの前に、ケインズが登場した。それが1936年刊の『雇用《エンプロイ》、利子《インタレスト》、貨幣《マネー》の一般理論《ジェネラル・セオリー》』であった。

ケインズは、自分の先生だったアルフレッド・マーシャルを含めて、新《しん》古典派（ケインズは自分の恩師のマーシャルを、古典派に入れているが）を「もう今の時代に合わない」と批判した。

新古典派は「セーの法則に立って、一般均衡は有る。完全な自由市場では失業は存在しない」と頑迷に信じ込んでいる。

ところが何と彼らは、悪賢くズルい根性をしているから、このケインズ思想を自分たちの自由市場万能主義の枠の中に、巧妙に入れ込んで、騙《だま》くらかして自分たちの部品《コンポーネント》に作り変えて、牢獄の中に押し込んだ。

このことを私は本書の第2章で、ずっと説明した。全くもってヒドいやつらだ。そしてこの事態が、今につながっていて今もこのままだ。

ハイエクは経済学のインチキを見抜いた

ケインズが１９２９年からの大恐慌と格闘していたとき、31歳の若いオーストリア人学者が、ウィーン大学からイギリスに亡命してきた。

フリードリッヒ・ハイエク（１８９９―１９９２年）は、ＬＳＥ（ロンドン・スクール・

ハイエクは、「私はもう経済学はやらない。裏の秘密がわかったから」と一旦50歳でやめた

写真：Getty Images

オーストリア、ウィーン生まれのウィーン学派を始めた。1950年に招かれてイギリスに亡命して、LSE教授（31歳）。ケインズと論争。のちに、アメリカのシカゴ大学へ。ロックフェラー2世の家庭教師もした。弟子のフリードマンのおかしな動きに怒って決別。経済学のインチキさにいち早く気づき、さっさとやめた。

以後の40年間は、保守思想の研究に打ち込んだ。自成的秩序（スポンティニアス・オーダー）を唱えた。リバータリアニズムの源流の一人となる。モンペルラン協会を主宰した。1974年にノーベル経済学賞を受賞（75歳）。

フリードリッヒ・ハイエク

Friedrich Hayek （*1899 — 1992*）

オブ・エコノミクス）で教え始めた。すぐに『価格と生産』*'Prices and Production, 1931'*を書いた。そしてケインズと大論争になった、景気循環と貨幣（マネー）の関係で重要な政策論争となった。

ところがハイエクは、1950年にシカゴ大学に招かれたあとは、理論経済学をやめた。彼は若い学者を育てて、リバータリアン思想の源流となり、シカゴ学派に入れられた。

ハイエクは、ケインズと若くして堂々と論争した。ケインズと本当は才能を互いに理解し合っていた。私の洞察では、ハイエクは、経済学というのは、結局、すべては金融（お金）だと気づいた。だから国家の意思で、金融（お金）を統制して、どうとでも、何とでもいじくり回す。このことに気づいたから、ハイエクは経済学をやめた。金融（貨幣理論）にこれ以上触《さわ》って、探っていくと危ない、と気づいたのだ。

それ以後は、死ぬまで40年間、社会倫理学と、穏やかに出来上がる世の中の秩序（スポンテイニアス・オーダー spontaneous order）自成的秩序《じせいてきちつじょ》、即ち自然に生まれる秩序を守ることが正しい、と保守思想の研究に進んだ。

ハイエクは、シカゴ大学で弟子だったミルトン・フリードマンの正体を、そのおかしな動きから1970年には見抜いた。だから「お前は私の弟子ではない」と決別している。

シカゴ学派マネタリズム経済学の創立者。冷酷《ワル》な悪人を自認した

写真：The Friedman Foundation for Educational Choice

ミルトン・フリードマン

Milton Friedman *(1912－2006)*

シカゴ大学教授。ケインズ学派と対立したマネタリストで、シカゴ学派の首領。マモニズム(Mammonism マモン＝お金の神を崇拝する)と見間違うほどだ。1976年ノーベル経済学賞を受賞。F・ハイエクの弟子だったが、ケンカ別れした。1980年に『選択の自由』で一世を風靡し、「小さな政府」を唱導した。

シカゴ学派の教え子たち(シカゴボーイズ)をピノチェット軍事政権下のチリに送り込み、民営化の名のもと、強欲資本主義丸出しの構造改革を実行して非難を浴びた。本当は、新古典派の頭目のポール・サムエルソンと仲が良かった。

ハイエクは、フリードマンの暴走をずっと心配した。あまりに強い反共《はんきょう》右翼ぶりに反対した。

ハイエクも、『隷従への道』（1944年）を書いて反ナチス、反ソビエトの思想を広めた。この本は世界中で爆発的に売れた。そのためにハイエクは、世界中のリベラル派と左翼勢力から嫌われた。1974年にノーベル経済学賞を貰って（75歳）、ようやく立派な思想家と認められた。

「統制経済（コントロールド・エコノミー）はいけない。ソビエト体制ではモノの価格を決められない。だからいずれ潰れる」と予言した。ハイエクが正しかったことがのちに判明した。

本書の第2章でも説明したマネタリズムの主唱者のミルトン・フリードマン（1912―2006年）は、25歳からずっと戦争中（WWII）は、米政府の「国家資源委員会」という政策立案局（policy making agency）に入っていた男で、国家政策として累進課税制や金融統制の手法とかを立案した。

ところが戦後、シカゴ大学教授（1946年、34歳）になってからは、フリードマンは「とにかく政府は規制をするな。何でも自由にやらせろ」という思想に変わった。しかしこの男の本性《ほんせい》は、徹底した統制主義者である。強硬な反共《はんきょう》主義者だ。1980年代に、フリードマンは、著作『選択の自由』（1980年）と『政府からの自由』（1982年）で「自由放任《レッセフェール》が素晴らしい」「小さな政府が良い」と主張して、大人気を博した。私もあれに騙《だま》された。

そのあとバレたのは、フリードマンこそが、実は統制主義者、強欲《ごうよく》金融資本主義者だったことだ。市場（マーケット）を大きく操《あやつ》ることをした男だ。日本に対しても、「通貨量《マネーサプライ》が足りない。お札をもっと刷れ」と言って、1990年バブル崩壊のあとは、人工的にデフレをインフレにせよと助言した。彼は先生のハイエクとぶつかった。ハイエクはそんな単純でいい加減な思想家ではない。

別種のマネタリストが合理的予測学派

フリードマンのマネタリズムは、本書第2章P60〜63で詳しく説明した。アーヴィング・フィッシャーの理論の焼き直しというか窃用《せつよう》だ。

マネタリズム経済学の正体は、貨幣数量説《すうりょう》（Money《マネー》 Quantity《クオンティティ》 Theory《セオリー》）だ。

資本や貨幣の回転の速度のことをヴェロシティ velocity ということは前述した。これはスピードと同じ意味だ。資本、資金の自己増殖を、お店のお客の回転率のように考える。お金がお金を生むという金融資本中心の思想だ。労働価値説《ワーク・ヴァリュー・セオリー》と対立し、争《あらそ》う思想だ。

そしてケインズ思想にも反対した。ケインズは「失業している労働者たちを政府が何とかしなければいけない」と、それで有効需要《ゆうこうじゅよう》の原理を作った（第2章P67）。

フリードマンは「不況は放っておけば、自然に治《なお》る」と考えて、「余計な規制（法律）が、かえって景気回復を遅らせる」と考えた。そしてM（マネーサプライ）を〝マーシャルのk〟即ち、年率2％と決めて、通貨量を増やし続ければいい、と提言した。

フリードマンは、自分は統制が嫌いで自由競争重視だ、市場原理優先だと言い続けた。この裏側には、ニューヨークの金融財界人たちがいた。

アメリカで若くして本物の保守派の人たちが育つところがシカゴ大学だ、ということになっている。ところが、シカゴ大学は私立大学で、創立したときに、全部お金を出したのはロックフェラー財閥だ。だから誰も逆らえない。

マネタリストには別種がいる。それが、**合理的予測学派（ラショナル・エクスペクテイショニスト rational expectationist）**と呼ばれる一派である。

合理的に期待形成《ラッショナル・エクスペクティショニズム》(=経済の未来予測はできる)仮説の生みの親。大失敗。もう立ち直れない。アベノミクス「インフレ目標値」の伊藤隆敏はその子分。2008年リーマン・ショックで崖から落ちた

写真：Getty Images

シカゴ大学教授。シカゴ学派の一種で変種。日本のアベノミクスの旗振り役の伊藤隆敏を育てた。コンピュータが開発されたこの40年間とピタリと一致する計算屋。1995年ノーベル経済学賞を受賞(58歳)。

リーマン・ショック(2008年)後に、批判の矢面に立たされた。若い経済学徒たちからの批判に、「そんな暇があったら、さっさと大学終身雇用〈テヌア〉を取るための論文を書け」と脅して黙らせた。

ロバート・ルーカス

Robert Lucas (*1937*—　)

ロバート・ルーカス Robert Lucas がその親分である。ロバート・ルーカスはシカゴ大学教授であり、明らかにマネタリストである。

それなのに、わざわざ合理的（に景気の予測、即ち）期待《エクスペクト》（は計量《けいりょう》分析で）形成（予測できる。だから景気をコントロールできる）学派、という立派な名前を付けられて、今日までずっと続いてきた。

ところが2008年のリーマン・ショックの大爆発で、統計学《スタティスティックス》というインチキ数学で組み立て、数式を大量に使って行なう厳密な未来予測などできないことが判明した。ルーカスは、自分こそは「ケインズ革命」に対する「反革命」であると、宣言した。そしてケインズを殺した。この反革命に自分たちは勝利したのだ、と。伊藤隆敏《たかとし》と竹中平蔵は、これに洗脳されるべく特別に育てられてアメリカ留学させられた留学僧《そう》たちだ。竹中平蔵は、銀行員あがりだが、アメリカでネオ・リベラル派の思想を叩《たた》き込まれた男だ。ジャネット・イエレン前《ぜん》FRB議長にしても、彼女が大学院生のころに研究していたのは、この合理的予測理論だった。彼女の夫で経済学者のジョージ・アカロフ（ノーベル経済学賞受賞者）もこれを学んでいる。

しかも、ケインジアンの牙城《がじょう》であるはずのハーヴァード大学の中にまで、彼ら（マネタ

合理的予測（はできる）学派は大破産した

本来は　**Y**（もの）　⟶　**M**（カネ）

経済の **成長** Yがあるので **好景気** になる。

そして、M（カネ）が過熱するから日銀（中央銀行が）、❶金利を上げる、❷引き締め（市場から資金を奪う）するのが正しい金融政策だ。それなのにインフレ目標《ターゲット》政策（安倍政権）＝合理的期待形成学派は、

Y（もの）　⟵　**M**（カネ）

実体経済 がよくないので、　無理やり **株・土地** を吊り上げればよくなる

と、逆なことを考えた。だから大失敗した。これをリフレ理論ともいう。マネタリストと合理的予測派（ラショナル・エクスペクテイショニスト）は同じだ。反ケインズ主義のシカゴ学派である。

リスト、合理的予測学派）が侵入してきた。だからケインズ思想に忠実だった朴訥《ぼくとつ》で正直なケインジアンたちは、ワキにどかされて沈黙した。

ニューヨーク金融財界人たちに支配されるアメリカ経済学

ケインズ思想への反革命（カウンター・レヴォルーション）は1970年代に始まった。フリードマンのマネタリズムも古典派の復活だったが、この合理的期待形成学派は、さらにそれに輪をかけて極端にした「狂信的な古典派」である。

ロバート・ルーカスを首領（主唱者）とする合理的期待（＝予測）派は、「すべての人は、すべての情報が利用できて、完全に正しい予測、間違わない完全な予測（偏《かたよ》りのない予測、外れない予測、歪《ゆが》んでいない予測）ができる。全ての優れた経済理論も利用できる」と考える。

このような全能の神に近い、「完全なる経済人間」というモデルを大前提にした理論が合理的予測派だ。まるでカルト集団だ。このように、日本人の小室直樹先生がズバリと解明した。

誰がいったい、この完全なる「正しい予測、不偏な予測」のできる「完璧なる経済人間」だろうか。それは、まさしく、初めから、競馬の勝ち馬やサッカーの試合の勝敗を知っていること（インチキ、八百長トバク）である。

これを別名で、「情報の非対称性《ひたいしょう》（アンシメントリー・オブ・インフォメイション）」という。普通は情報弱者《じゃくしゃ》は劣勢になる、という理論だ。しかし本当はそういうことではない。情報の非対称性とは、初めから情報は権力者、支配者たちに握られているのである。権力者たちは、初めから答（結果）を知っているのだ。

マネタリストのミルトン・フリードマンも、合理的予測（はできる）派のロバート・ルーカスも、ロックフェラー家に操《あやつ》られていたのである。フリードマンもルーカスも「シカゴ学派」である。名門シカゴ大学は私立大学であり、創立資金はジョン・D・ロックフェラー1世が出したことは前述した。ハーヴァード大学のポール・サムエルソンたちへの、最大の献金者も、ニューヨークの金融財界人たち（グローバル大企業の経営者たち）である。

世界はお金の力で動いている。ハイエクはこのことに気づいたが、もう遅かった。だから経済学をやめてしまった。

ヒックスのI・S＝L・M方程式も壊れた

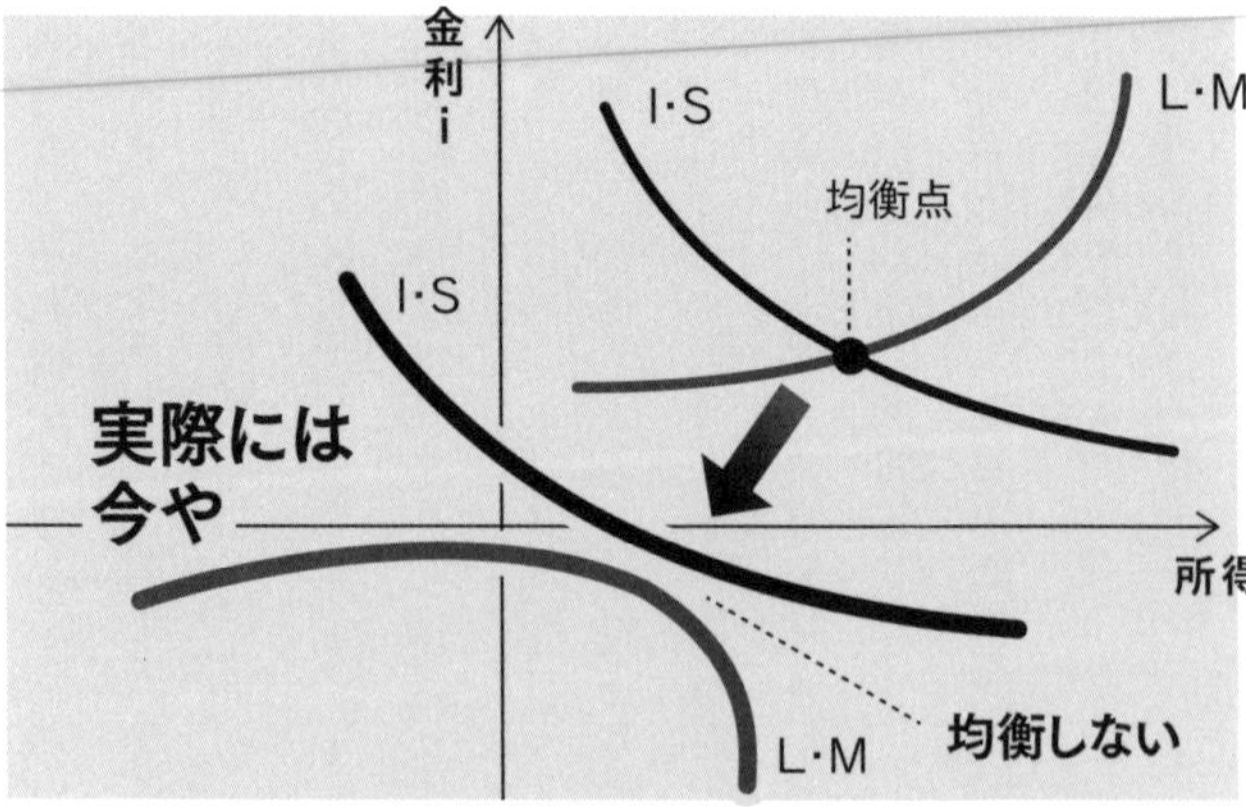

強いてグラフにするとこうなるだろう

「国民所得の決定の関数式」も壊れている

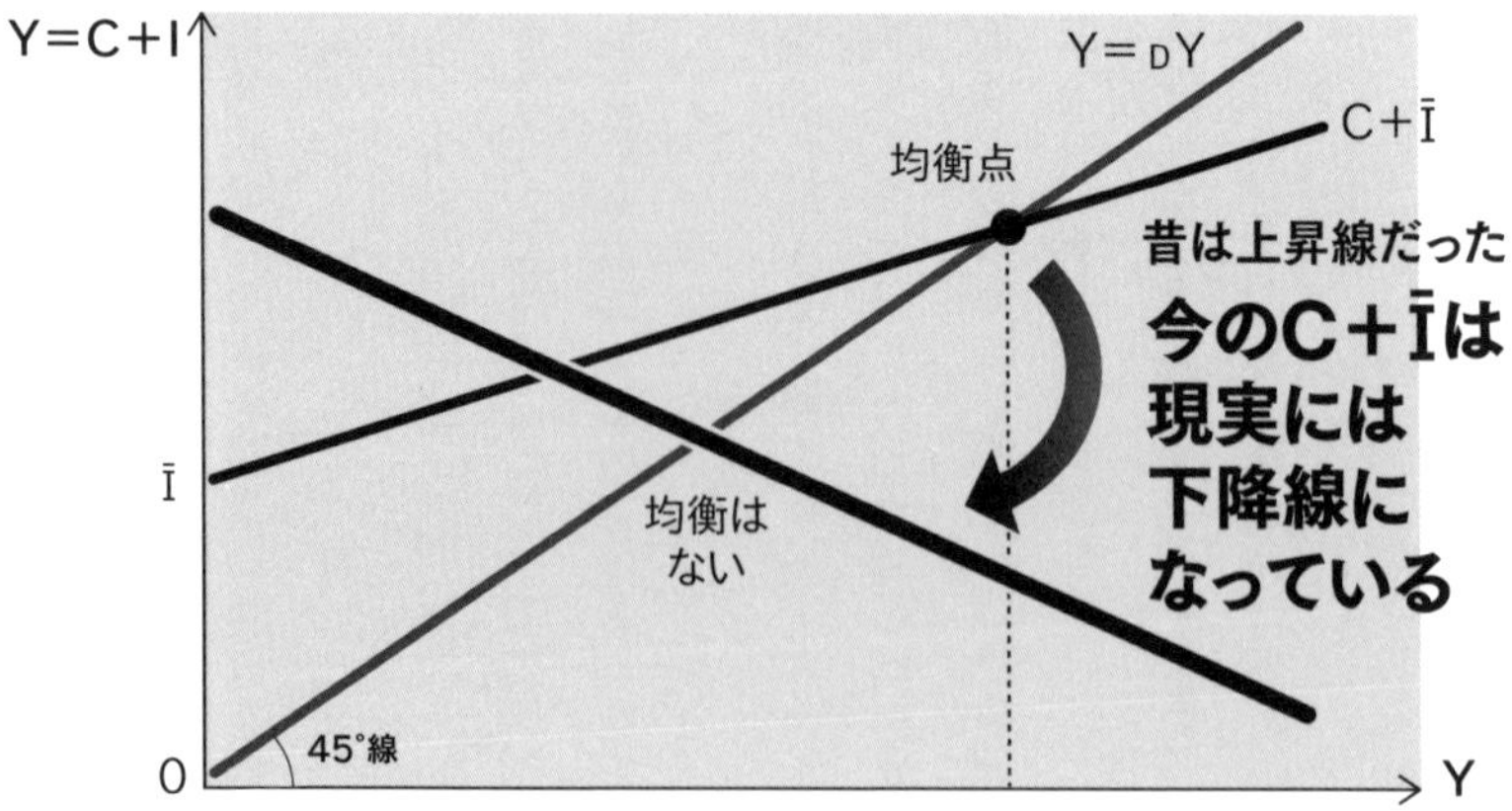

あとがき

アメリカ経済学（理論《りろん》経済学）は、本当に終わったようだ。大失敗をして学問（サイエンス）として滅びかかっている。まずアメリカで。そしてヨーロッパでも。それから、アメリカさまの忠実な子分をやり続けている日本の経済学者（官庁エコノミストを含む）も。なぜなら、現実の世界のこの30年間（１９９０年から）の実態経済と金融市場の予測で、この人たちは大外《はず》れ、大間違いを犯した。そして学問そのものも大失敗している。

この本は今、経済学が学問として死につつある、ということを日本国民に知らせる本だ。

私は「真実暴《あば》き系言論人」と、自分を呼んでいる。大きな枠組みの中の隠されている真実だけにしか興味はない。私は金融、経済の本もずっと書いてきた。この23年間、年２冊書いてきた。だから金融、経済の本だけで50冊ぐらいになる。

私がなぜ、この時期に『経済学という人類を不幸にした学問』という本を書いたのか。

やはりそれは私が金融、経済の本を書くことで、投資家や自分の資産を増やしたい、守りたいという人たちのことを本気で思ってきたからだ。

この実績の上にこの本ができた。私は10年間ぐらい前から、もうわかっていた。アメリカの理論《りろん》経済学という学問は死につつある、と。私は、2008年9月15日に勃発したリーマン・ショックも予言して当てた。それらの本が証拠で残っている。

経済学はもう死んでいる。それでも若い人たちの一部は大学の経済学部に行って、偉い人になりたいと思って行く。経営者になってお金儲けをして金持ちになりたいから経済学部を選んだ。でもどうせ、ほとんどなれない。

経済学部と法学部を出た人間は大企業が雇う。大企業は文学部を出た人間は雇わない。これは世の中のルールで決まっている。中堅企業は文学部も雇う。そうしないと人材が集まらないから。地方公務員でも上級職はそうだ。

私の大学時代（早稲田大学法学部）の友達は、クラスの2人が三井物産に行った。1人が裁判官になって、2人ぐらいが弁護士になっている。早稲田大学の法学部はそんな感じだ。

本当は、みんな学生時代に勉強なんかしていない。ガリ勉組《ぐみ》は国家試験受験組《ぐみ》だけだ。授業にもろくに出ていない。期末試験だけ受けて大学を卒業した。だから私たち日本人のほとんどは、日本アルバイト大学部活《ぶかつ》学科かコンパ学科卒業だ。

私の同級生はあとは銀行員か地方公務員だ。埼玉県庁上級職とか。こういうのが全国にゴロゴロいる。そして民間の大企業にゆく。大企業に入らないと、先々、自分のサラリーマン人生が不安定で、心配だからだ。だが、大企業も、今はちっとも安心できなくなった。いつ倒産するか、吸収合併されるか分からなくなった。そしてみんな停年退職した。今は年金暮らしだろう。

東大の経済学部に行った者たちは、卒業して警察官僚になる。あるいは財務省に一応、入るけれども、すぐに防衛省に出される。財務省事務官の肩書きで、防衛省のしみったれたお金の計算係をやっている。だから亀井静香氏のような東大経済学部を出た人が、公安警察（政治警察）になる。それでもトップ（本省《ほんしょう》部長級）から上はほとんど東大法学部だ。法学部出《で》が経済学部出《で》を押さえ付けて、日本の官僚制《かんりょうせい》のヒエラルキー（英語ならハイアラーキー。位階《いかい》の秩序）はできている。全ての学歴差別はここから始まる。公務員の学歴差別が一番ヒドい。わざと高卒者たちを採用して自分たちの子飼《こが》いか奴隷にしている。

財務省は東大法学部ということになっている。いまは、もう早稲田と京大と大阪大学もいることはいると思う。神戸大とかも。大蔵（財務）官僚に旧七帝大出がどれぐらい残っているかわからない。財務省は、年に22、23人、採《と》る。その22、23人で競争させて、トップ4、5人だけがエリートだ。あとは落ちこぼれだ。40代で、さっさとどこかに出されて、もういない。要《い》らない。他の主要省庁（政策《せいさく》立案官庁。現場《げんば》の仕事はやらない）も似たような感じだ。

それが現実の世の中というものだ。私は本当のことを書いて伝えたい。

「それはお前の偏見だ。うそだ。勝手に思い込んでいるだけだ。上級公務員（官僚）の世界はそんなものではない」と言うなら言え。反論しろ。私はそれにちゃんと答える。

経済学がどんなにインチキ学問で、ウソ八百かというのがバレつつある。

実際にリーマン・ショックからあと、欧米世界でボロボロに打ち破られてきた。インフレ・ターゲティング理論（インタゲ論）あるいはリフレ（リインフレーション）理論といって、今も量的緩和《りょうてきかんわ》（easying money《イージング・マネー》）といって、ジャブジャブ・マネーをいっぱい刷って

「無理やり目標値2%のインフレを作ろう」と目的に向かって爆走している。

本当は、この「インフレ目標値2%」というのは、経済成長率2%というのと同じ意味だ。元祖は本書に出てくる〝マネタリスト〟のミルトン・フリードマンが〝マーシャルのk〟を、「歴史的に2%ぐらいだ」として定めたものだ。

しかし人工的人為的にインフレにはできはしない。無理やり、お金をいっぱい刷って世の中に回せば必ず景気は回復する、と言い続け、今もやり続けている。もう他にやることがない。漫才か漫画の世界である。

親分のアメリカがこれをやっている。柄の悪い商売人のトランプ大統領が「カネ（お札）をバラ撒け。金利をゼロにしろ。それで株を吊《つ》り上げろ。そうしたら景気がいいように見える。それでいいんだ。国民なんか騙《だま》せばいいんだ」とやっている。日本もそれに従っている。

だからこの本の冒頭から載せたとおり、ポール・クルーグマン教授が、「私を含めて馬鹿でした」と大反省をした。

「馬鹿でした」を英語では“We are wrong.”「ウィー・アー・ロング」という。「私たちアメリカを代表する経済学者が、現実の世界を理解できずに、自分たちの勝手な高級理論ばっかり（しかも数式だらけで）作って、それで大失敗しました」と白状した。そういう時代が来たのである。

クルーグマンが自分の考えをwrong《ロング》（1.不正　2.間違い　3.誤り　4.不適切　5.故障　6.不具合　7.劣等　8.悪事　9.不法行為）だと認めた。この内容の評論記事がアメリカの一流評論誌に出た。それを第1章と第3章でずっと英語原文と照らし合わせながら私が詳しく説明した。第4章に、クルーグマン自身の「私は間違っていた」と学界に発表した論文をそのまま載せた。

私が、この「経済学はインチキ学問だ」という本を書こうと思って、さる大手の経済誌の編集長経験者A氏に助言を求めた。

私のような専門外《がい》で、小室直樹《こむろなおき》先生から少し経済学を習った程度で、こんな本を書けるのか、と自分でも相当躊躇《ちゅうちょ》していた。そして質問した。

私「今（2019年時点）の日本の経済学者たちは、何をしているのですか」

A氏「何もやってませんよ。学内論文を書くだけでしょう。あとは政権（政府）にくっ付いて（審議会の委員になって）お金儲けですよ（役人〈官僚〉のいいなりで何も発言しません。嫌われると損だから）。自分の財産（高層鉄筋住宅《タワー・レジデンス》2戸とか）を増やそうと考えているだけです」

政府委員で1回出席すると報酬5万円だ。これが有ると、テレビに出たり、あちこち講演会（1回100万円）の依頼が来る。

私「今の経済学界の最先端のテーマは何ですか」

A氏「もうマクロ経済学はやりません。マクロは滅びましたね。今はアメリカではミクロ（企業行動の経済学）と、会計学《アカウンティング》をやっています。もうマクロ経済政策なんか（破綻《はたん》したので）やりません」と。

A氏は、このとき今も一番定評のあるグレゴリー・マンキューの分厚い『経済学』の最新版の日本語訳本を、私にくれようとしたが、私は「そんな本は読めないので、いただけません」と丁重《ていちょう》に断った。代わりに同席した編集者が貰《もら》った。

私はそんな本は、どうせ、アメリカ人くささ満点の宗教イデオロギーだから、読んでも意味が分からないから読まない。

この本の著者である私は大学の経済学部を出ていない。それなのに、こんな経済学についての本を書いた。私が出たのは、前記したとおり法学部である。それなのに、私は金融・経済の本をこの23年間でもう50冊くらい書いた。若い頃外資系（イギリス）の銀行員をしていた。それで金融市場というのが、どういうものか、なんとなく分かった。

私は法律学についての本も既に20年前に書いている。弁護士になった畏友《いゆう》と2人で書いた『法律学の正体《しょうたい》』（洋泉社　1991年刊）と、『裁判の秘密』（同上　1997年刊）と、それをリメイクした『裁判のカラクリ』（講談社　2000年刊）である。

だから私は、法（律）学とは、いったいどういう学問かについても、大きな真実を暴き立てて書いている。今からでもこれらの本をアマゾンででも探して読んで下さい。近いうちに復刊します。

法学《レヒトレーレ》（法律学《ゲゼッツ》）というのは何か。ズバリと本当のことを書く。法学あるいは法律学とは、官僚（裁判官を含む）たちが、国民を自分たちのいいように切り殺すための刃物《はもの》のことを言う。

この世の正義《ジャスティス》を実現するのが法学（及び裁判《ジャッジ》）だ、というのは国民騙《だま》しのウソっぱち（虚言《きょげん》）である。人間騙《だま》しの最たるものだ。2番目に、法律（法学）というのは、官僚たちが、自分たちを政治家というゴロツキ集団から自衛《じえい》するために、わざと複雑怪奇にして、山ほど作るワケの分からない細かい作文（条文《じょうぶん》）のことを言う。

政権《せいけん》政治家は、職制上、官制上、自分たち官僚のクビを切る権限を握《にぎ》っている。だから、官僚（という国家暴力団）は、団結して複雑な細かい法律の山を作って、政治家（権力者）という別の暴力団組織から自分たちを防御する。

これが、私の「法学部とは何か」本のエッセンス（抜粋、神髄《しんずい》）だ。そして私は、アメリカの現代の政治思想の各流派《セクト》の研究を30年、やった。だから、その次に「経済学とは何か」を、私は書く運命にあったのだ。それを本書の第2章で、赤裸々《せきらら》に描いた。

さあ、私のこの経済学（の）解体新書を、経済学出《で》の人たちがどのように読むか。「お前の書いていることは、専門外の素人が書いている戯言《ざれごと》だ」と、私に堂々と名乗って書いてくる人と、私は本気で相撲《すもう》を取るだろう。

相撲というのは相《あ》い撲《なぐ》るという漢字でできている。伝統を重んじる神事《しんじ》奉納のための国《こく》技《ぎ》だ、などという取って付けたような飾り言葉は、私には通用しない。言論（書き物、著作）で30年間、闘いの連続だった私の人生に生傷《なまきず》が一つ増える程度のことだ。

念のため、ここに書いておかなければいけないことがある。

この本の冒頭から前記のポール・クルーグマン批判の最新のアメリカ評論文と、クルーグマン自身の論文の英語原文を載せた。これは著作権法《ちょさくけんほう》（そのまま国際条約である）に違反していない、ということを断り書きしておく。そして言論及び表現の自由《フリーダム・オブ・エクスプレッション》（日本国憲法24条）によって私はこの評論の本を書いた。

この本は、その主要な中身（内容）である評論の対象として、クルーグマン批判の英文とクルーグマン自身の文を、徹底的に解剖するように細かく取り扱って、書かなければ済まない。だから著作権法32条に定める引用権《いんようけん》（right to quote《ライト トゥ クオート》）を主張する。原文を引用して、それに忠実に大量の評論《コメント》を加えた。

そして個別、具体的に、詳細に、私（副島隆彦）の意見、考え、分析《アナリシス》、評価判断《ヴァリエイション》を加えている。これは日本の裁判の実例（判例《はんれい》）でも、「フェアコメント（適正な論評）の法理」と呼ばれていて、アメリカの法律学を輸入して、「適切に引用した文に対して評言《コメント》をしていれば引用権として認められる」となっている。

私は、この本の読者諸氏に、これらの英語原文も読んでもらいたい。

チラチラでいいから、要所、要所で英文と照らし合わせて、自分の頭（能力）の英文読解力に応じて（人それぞれだ）、「なるほどなあ。副島は、この英文をこのように訳したのか。そして私たち日本人読書人階級《ブックリーディング・クラス》の人間に対して、正確な知識と理解を希望しているのだ」と分かってくれるだろう。

私には知ったかぶりはない。英文を読む、というのは、日本の知識階級にとって、今でも大変な作業だ。しかも小説程度ではない高級で高品質な知的な英文を読解することは未《いま》だに難業《なんぎょう》である。だから欧米で定評、評判を取った本が日本語に翻訳されて出版されることは、私たちには有り難いことだ。

ところが多くの翻訳本が英文の原文とあまりに切断されて、日本語訳文だけが勝手な寸《すん》足らずの理解でひとり歩きしてきた。この日本文化の劣性の現実を、私は苦々《にがにが》しく思いながら、この50年間を生きてきた。皆んな、分かったふりはやめた方がいい。なるべく英語の原文に戻って読解すべきだ。

だから私は、敢えて英語原文も要所要所に載せた。私の訳文と解説文（公正な論評《フェアコメント》）だけでは、読者の理解がいい加減になる、と考えたからだ。それと、私（副島隆彦）が自分勝手な歪曲、偏向した訳文と解説をしているのではない、ことを証明したいからだ。

最後に。この本は、私と編集者の、苦心惨憺《さんたん》から生まれた……。

……それでもこうやって本は出来た。私は思いの丈《たけ》を書き散らした。あとは読者が決めてくれ、だ。値踏《ねぶ》み（価値判断）するのは読者（になってくれそうな）お客さまだ。

価値《かち》と価格《かかく》の関係はいくら勉強してもやっぱり難《むずか》しい。「価値《ヴァリュー》（V）が価格《プライス》（P）を決める」という表現（言い回し）が経済学に有る。これを「変数である価値（V）が、同じく変数である価格（P）を決める」とも言う。そして「価格（P）は、価値（V）の関数《ファンクション》である」と言う。したがって

P=aV（aは比例定数）

である。このように数式（公式）では書く。

ああ、この本には、本当に苦労した。私の血と汗の労働が、この本に投入され結晶した。一緒に全力で疾走してくれた編集者の水波康氏に感謝します。

2020年2月

副島隆彦

[著者紹介]

副島隆彦（そえじま たかひこ）

評論家。副島国家戦略研究所（SNSI）主宰。1953年、福岡市生まれ。早稲田大学法学部卒業。外資系銀行員、予備校講師、常葉学園大学教授等を歴任。政治思想、金融・経済、歴史、社会時事評論など、さまざまな分野で真実を暴く。「日本属国論」とアメリカ政治研究を柱に、日本が採るべき自立の国家戦略を提起、精力的に執筆・講演活動を続けている。主な著書に、『属国・日本論』（五月書房）、『世界覇権国アメリカを動かす政治家と知識人たち』（講談社＋α文庫）のほか、『絶望の金融市場』（徳間書店）、『米中 激突恐慌』（祥伝社）、『全体主義《トータリタリアニズム》の中国がアメリカを打ち倒す』（ビジネス社）、『日本人が知らない真実の世界史』（日本文芸社）などがある。

●ホームページ「副島隆彦の学問道場」 http://www.snsi.jp/

[製作スタッフ]

カバー・本文デザイン／藤塚尚子（e to kumi）

本文図版／高橋未香

編集協力／山根裕之、古村治彦

写真／天野憲仁、アフロ、Getty Images

経済学《けいざいがく》という人類《じんるい》を不幸《ふこう》にした学問《がくもん》

2020年 3 月20日　第 1 刷発行

著者
副島隆彦《そえじまたかひこ》
発行者
吉田芳史
DTP
株式会社キャップス
印刷所
株式会社文化カラー印刷
製本所
鶴亀製本株式会社
発行所
株式会社日本文芸社
〒135-0001 東京都江東区毛利2-10-18 OCMビル
TEL.03-5638-1660［代表］
URL　https://www.nihonbungeisha.co.jp/

*

Printed in Japan　112200306-112200306Ⓝ01　(405070)
ISBN978-4-537-26205-6
編集担当・水波 康